Viaja ligero

Minimalismo espiritual
para vivir una vida más plena

Light Watkins

Viaja ligero

Minimalismo espiritual
para vivir una vida más plena

EDICIONES OBELISCO

Si este libro le ha interesado y desea que le mantengamos informado
de nuestras publicaciones, escríbanos indicándonos qué temas son de su interés
(Astrología, Autoayuda, Psicología, Artes Marciales, Naturismo,
Espiritualidad, Tradición...) y gustosamente le complaceremos.

Puede consultar nuestro catálogo en www.edicionesobelisco.com

Colección Espiritualidad y vida interior
Viaja ligero
Light Watkins

1.ª edición: febrero de 2024

Título original: *Travel Light*

Traducción: *Raquel Mosquera*
Maquetación: *Rodrigo Lascano*
Corrección: *Sara Moreno*
Diseño de cubierta: *Linsey Dodaro*
Ilustraciones: *Simona von Woikowsky*

Edita: Ediciones Obelisco, S. L.
Collita, 23-25. Pol. Ind. Molí de la Bastida
08191 Rubí - Barcelona - España
Tel. 93 309 85 25
E-mail: info@edicionesobelisco.com

ISBN: 978-84-1172-100-4
DL B 20870-2023

Impreso en Gràfiques Martí Berrio, S. L.
c/ Llobateres, 16-18, Tallers 7 - Nau 10. Polígono Industrial Santiga.
08210 - Barberà del Vallès - Barcelona

Printed in Spain

A mis rayos de luz: Dustin, Levi, Kelie,
Rian, Demi, Drew y Nile.

Introducción

«No importa lo que lleves en la mochila, si no puedes adaptarte al cambio, siempre lo llevarás contigo».

– The Spiritual Minimalist

ENCENDER LA LUZ

Encendí el interruptor, pero no había luz. Era enero de 2022 y acababa de regresar a mi Airbnb de Ciudad de México tras un retiro de meditación de una semana que había estado organizando. Dejé mi mochila en el sofá y empecé a investigar. Ninguno de los interruptores de la luz funcionaba. Evidentemente, no había electricidad, lo que significaba que no podría lavar la ropa, cargar el teléfono o la tableta, usar el wifi, encender la calefacción o hacer otra cosa que sentarme en la oscuridad hasta que llegara la hora de dormir.

Se lo notifiqué inmediatamente a la encargada del apartamento. No tenía ni idea de por qué no funcionaba la luz en mi piso, aunque sí en el resto del edificio, y comprobó que la factura de la luz estaba al día. En cualquier caso, prometió restablecer el suministro de inmediato. Esa misma noche, recibí un mensaje en el que me decía que no había tenido suerte con la compañía eléctrica y que volvería a intentarlo al día siguiente.

Obviamente, no se trataba de una situación de vida o muerte. De hecho, algunos lo calificarían de «problema del primer mundo», apenas digno de mención. Sin embargo, si no estás preparado para un cambio de las expectativas relativamente pequeño como éste, perder el acceso a la energía incluso durante un par de horas puede resultar perjudicial para todo tu día, especialmente si acabas de volver de un viaje con ropa que lavar, comida que cocinar, o una reunión que preparar y con dispositivos que necesitan recargarse. Pero por suerte, me había estado preparando para este tipo de situaciones desde que empecé a practicar el minimalismo de forma intencionada el 31 de mayo de 2018, el día que empecé a viajar *ligero*.

Mi salto de fe hacia el minimalismo comenzó de forma oficial cuando entregué mi preaviso de treinta días al casero de mi apartamento de dos habitaciones en Venice Beach, después de un año entero pensando en hacerlo. A continuación, me puse en contacto con mi concesionario y concerté una cita para devolver el coche alquilado a finales de mes. Después, publiqué una serie de anuncios en Internet para vender todos mis muebles, mi escúter Vespa y todo lo que ya no necesitaba.

Después de investigar un poco, descubrí que el tamaño máximo permitido en el compartimento superior de la mayoría de las compañías aéreas era de cincuenta y cinco centímetros. Así que fui a la tienda de maletas para echar un vistazo a lo último en equipaje de mano. Llevé algo de ropa, accesorios y artículos de aseo para ver cuánto cabría en la bolsa que estuviera barajando comprar. Salí de la tienda un par de horas más tarde con una flamante bolsa de mano de alta gama de cincuenta y cinco centímetros.

Este equipaje de mano se convertiría en mi nuevo hogar porque, a lo largo del mes siguiente, vacié mi apartamento de manera metódica de todo lo que no cabía en la bolsa. Tampoco habría trastero, ya que me daba alergia pagar unos cuantos miles de dólares al año por almacenar objetos de los que probablemente me olvidaría en unos meses. El 31 de mayo, saqué mi nueva «vivienda de mano» de mi viejo apartamento vacío y me lancé a la aventura nómada.

Un par de años y docenas de destinos después, la reduje a una mochila aún más pequeña, y un año después, cambié mi mochila por una mochila de un día todavía más pequeña. En este proceso de eliminación, descubrí uno de los principios de lo que empecé a llamar «minimalismo espiritual»: cuantas menos opciones tienes, más libertad tienes para tomar decisiones y más presente te sientes.

Actualmente tengo una treintena de artículos en mi mochila, entre los que se incluyen:

1 camisa de botones	Artículos de aseo
1 pantalón	Botella de agua rellenable
2 pantalones cortos	Chal de meditación
3 pares de ropa interior	Kit de enseñanza
3 camisetas	de meditación
1 chaqueta	Trípode
1 sudadera con capucha	Micrófono para pódcast
1 sudadera	Batería recargable
1 cinturón	Tableta
1 par de zapatillas informales	Diario
1 par de zapatos	Collar mala
1 par de sandalias	

Con estos artículos, he conseguido viajar por el mundo dos o tres veces, dando charlas, participando en mesas redondas, dirigiendo talleres y retiros, haciendo ejercicio cada día, nadando, corriendo y haciendo senderismo, teniendo citas, asistiendo a iglesias, funerales, bodas, graduaciones, cenas, estrenos, viajes a la playa, reuniones de celebración, paseos en globo aerostático...; todo lo que se te pueda ocurrir.

Volviendo a Ciudad de México, la encargada de mi apartamento tardó dos días en restablecer el suministro eléctrico. Pero no fue más que un leve inconveniente, porque a esas alturas (cuatro años después de no tener casa) ya me había acostumbrado a funcionar con la máxima eficiencia y me había entrenado para realizar mis tareas diarias más importantes sin depender de la electricidad o ni siquiera de la luz.

Por ejemplo, tras regresar de un viaje de una semana, muchas personas llegan a casa con un par de maletas llenas de ropa sucia que necesitan lavar de inmediato para tener algo que ponerse al día siguiente. También necesitan un corte de pelo; quizá una ducha.

También tienen que trabajar con el móvil o el portátil, que probablemente necesiten recargarse.

Cuando llegué a mi Airbnb, mi mochila ya estaba llena de ropa limpia y fresca que había lavado a mano cada noche del retiro. Tenía mucha práctica en afeitarme la cabeza, incluso en la oscuridad, sin necesidad de espejo, por si me encontraba con este tipo de situaciones. Ya había practicado cómo hacer todo lo que tenía que hacer en el trabajo desde mi teléfono, incluida la edición de mi sitio web, la redacción de boletines informativos complejos y la escritura de este libro. Además, llevaba conmigo un cargador portátil a todas partes por si no había una toma de corriente disponible para recargar.

Lo que se habrían considerado grandes inconvenientes fueron bastante insignificantes gracias a mis años de preparación y práctica intencionadas. De hecho, me gustaba no tener nada que hacer por las noches mientras me movía por mi apartamento a la luz de las velas. Por supuesto, no se lo dije a la encargada porque quería que restableciera la electricidad lo antes posible.

Pero me sentía bien con la situación y, como había cultivado la plenitud interior, pude centrarme en las oportunidades y no en los pequeños inconvenientes, lo que hizo que la puntuación de ese día fuera Cambio inesperado 0 - Minimalismo espiritual 1.

EL ENFOQUE DE DENTRO HACIA FUERA

Al plantearte un estilo de vida minimalista, puede que te entusiasme deshacerte con rapidez de la mitad o las tres cuartas partes de tus pertenencias, o seguir mi ejemplo y descartar *cualquier* objeto que no quepa en tu equipaje de mano o mochila de día. Al fin y al cabo, de eso trata el minimalismo, ¿no? ¿De minimizar tu vida? ¿De crear espacio?

Si eso es lo que más te interesa del minimalismo, tengo buenas noticias para ti: hay docenas de libros que ofrecen enfoques muy metódicos para limpiar tus armarios, organizar mercadillos de segun-

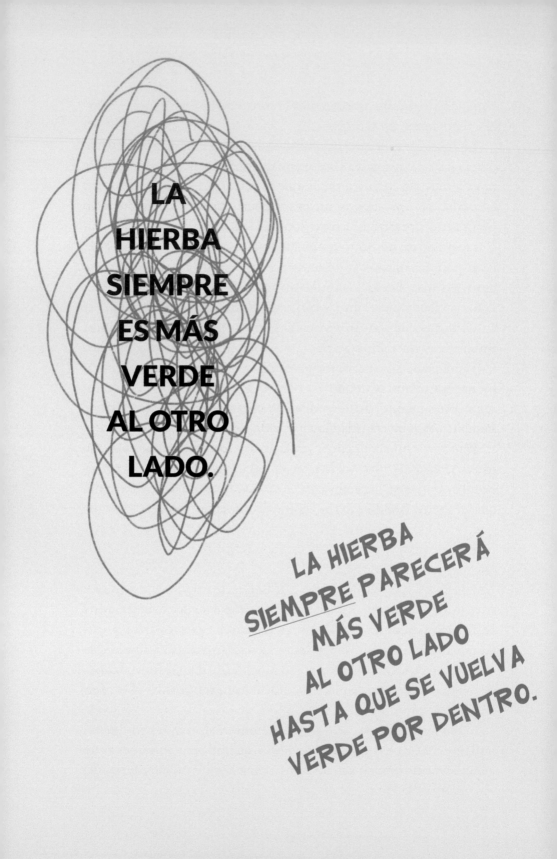

LA

HIERBA

SIEMPRE

ES MÁS

VERDE

AL OTRO

LADO.

LA HIERBA
SIEMPRE PARECERÁ
MÁS VERDE
AL OTRO LADO
HASTA QUE SE VUELVA
VERDE POR DENTRO.

da mano y adquirir nuevos artículos con más intención; pero *Viaja ligero* no es uno de ellos.

No voy a ir habitación por habitación con consejos de experto para deshacerte de tus libros viejos, o de los zapatos que ya no te pones, o de esa batidora que hace tres años que no usas. En lugar de eso, *Viaja ligero* te proporcionará instrucciones para explorar un enfoque menos obvio, pero más individualizado del minimalismo, al que yo llamo «minimalismo espiritual».

El minimalismo espiritual es más un enfoque de dentro hacia fuera que el enfoque convencional de fuera hacia dentro para hacer espacio. En otras palabras, no se trata del minimalismo que consiste en deshacerse de las cosas para ser feliz, es más bien el enfoque del minimalismo de ser feliz *primero* desde dentro y ver qué pasa después.

Para ilustrar la diferencia entre ambos enfoques, hagamos un rápido experimento mental: supongamos que sólo disponemos de dos semanas para convertirnos en minimalistas; ¿cómo procederíamos? Podemos imaginar que la mayoría de la gente empezaría por revisar su armario de manera frenética y deshacerse de los objetos que ya no usa o necesita. No hay nada malo en ello, pero el minimalista espiritual pasaría esos primeros días lo suficientemente tranquilo como para escuchar o sentir en qué dirección su guía interior le indicaba el mejor camino a seguir. Tal vez sería limpiar el garaje, desconectar de una amistad que ya no le beneficia o comprometerse por fin a hacer ejercicio.

Cualquier cosa que el minimalista espiritual escuche en su interior como primer paso, por ilógica que pueda parecerle al minimalista convencional, confía en ella lo suficiente como para empezar a moverse en esa dirección. Un minimalista espiritual toma la mayoría de sus decisiones a partir de su propio guía interior, y la mejor manera de asegurarse de que su guía interior le está proporcionando información de la más alta calidad es subir el volumen de lo que yo llamo la «voz del corazón» a través de prácticas como la meditación diaria.

Por el contrario, cuanto menos conectado estés con la voz de tu corazón, más probable es que tomes la mayoría de tus decisiones basándote en la lógica y en factores externos. Este enfoque no es incorrecto, simplemente no es tan eficaz, porque la voz de tu corazón es como tu propio GPS interno, y no escucharla es como ignorar el GPS de tu coche mientras intenta guiarte a tu destino. Puedes encontrar el camino utilizando señales externas, pero te llevará más tiempo y es posible que cometas más errores por el camino.

Tu GPS interno no sólo sirve para llegar a los destinos. También es útil para saber a qué aferrarse en la vida y qué dejar ir. Cuanto menos acceso tengas a tu GPS interno, más probable será que ignores tus instintos y las señales de alarma que te advierten de que determinadas relaciones, posesiones materiales o experiencias pueden haber dejado de ser relevantes para tu destino.

Así que, aunque tu armario esté ordenado, si te aferras con fuerza a una relación tóxica porque tienes miedo de quedarte solo durante un tiempo, puede que aparentemente seas minimalista, pero no te sentirás como tal desde el punto de vista emocional o espiritual. ¿Y qué es más importante? ¿Parecer minimalista o encarnar realmente los principios del minimalismo?

Un minimalista espiritual se convierte en especialista en escuchar la voz de su corazón, no porque haya nacido con una habilidad única para oírla, sino porque ha invertido el tiempo y el esfuerzo suficientes para cultivar una conexión fiable con ella y, como resultado, al minimalista espiritual le resultará más fácil desprenderse de todo lo que le ha estado frenando a nivel personal, profesional o incluso espiritual, con el fin de crear espacio para nuevas experiencias que estén más alineadas con sus valores y su propósito.

Esto significa que, como minimalista espiritual, no necesitas deshacerte de nada. Más que vaciar tus armarios, lo que importa es la confianza que tengas en tu guía interior y que trates la vida como si no hubiera momentos descartables, que des lo que quieres recibir, que sigas a tu curiosidad, que seas capaz de encontrar comodidad en la incomodidad y que acojas la libertad de no tener elección siempre que sea posible.

Todos ellos son principios fundamentales del minimalismo espiritual, y cada uno de ellos se explicará en detalle a lo largo de este libro mediante historias, anécdotas y viñetas (muchas de ellas procedentes de mis experiencias personales como minimalista espiritual practicante) junto con ejercicios del mundo real que puedes utilizar para adoptar la mentalidad del minimalismo espiritual, sin tener que regalar nada.

LOS SIETE PRINCIPIOS DEL MINIMALISMO ESPIRITUAL

1. Prioriza y cultiva la felicidad interior.
    La verdadera felicidad interior no proviene de alcanzar metas futuras, adquirir experiencias o incluso deshacerse de tus pertenencias. Según las investigaciones sobre la felicidad, una vez satisfechas tus necesidades básicas, tu nivel básico de felicidad no aumentará de forma significativa adquiriendo más experiencias, entre las que probablemente se incluya la experiencia del minimalismo. Sin embargo, es posible aumentar tu felicidad interior practicando ciertos ejercicios *internos,* como la quietud, la gratitud y la entrega. Te mostraré cómo realizar el más importante, que es la quietud, de una forma agradable. Una vez que empieces a escuchar la voz de tu corazón a través de la meditación diaria, cualquier confusión sobre tu camino empezará a aclararse y te resultará mucho más fácil seguirlo. Esto te llevará a una mayor sensación de plenitud porque podrás identificar con mayor facilidad para qué estás aquí y, lo que es más importante, qué *no* es para ti.

2. Toma tus decisiones más importantes desde el corazón, no desde la cabeza. Para seguir este principio, debes practicar «salir de tu mente» (literalmente) y entrar en tu corazón tanto como sea posible. Cuando empieces a sintonizar con el lenguaje de tu corazón, empezarás a notar la diferencia entre la guía de tu corazón y las demás voces internas que pueden estar ordenándote que te hagas pequeño y te adap-

tes. También aprenderás a dividir esas voces internas para identificar cuál es la verdadera voz de tu corazón y cuáles son las impostoras. Además, te sentirás animado a reducir el consumo de sustancias que disminuyen la conciencia (durante un tiempo) y a sustituirlas por actividades que te proporcionen un subidón natural, lo que te ayudará a identificar mejor la verdadera voz de tu corazón.

3. Vive como si no hubiera momentos descartables. ¿Y si las mejores partes de tu vida, las que acabarás contando a tus nietos, están ocurriendo ahora mismo, en momentos pequeños y aparentemente insignificantes? Cuando empieces a estar más presente en los momentos de transición, sentirás tu vida más plena y alineada de forma natural. También empezarás a tratar cada día como si fuera tu cumpleaños y cada momento como si contuviera un regalo sorpresa para ti. Empezarás a amar y apreciar tanto dar como recibir pequeños gestos de amabilidad, lo que te llevará a sentirte más realizado con las pequeñas cosas y a necesitar menos en general.

4. Da lo que quieras recibir. No importa lo mucho o poco que tengas. Si quieres un amigo, primero debes ser amigable; si quieres amor, debes ser cariñoso; si deseas abundancia, debes vivir en abundancia; si estás arruinado, debes gastar más dinero en vez de intentar acumularlo, y si quieres generosidad, debes actuar con generosidad. A medida que aprendas a incorporar este principio, darás menos valor a las cosas de tu vida de forma natural y más a aquello en lo que inviertes tu atención y tu presencia.

5. Tu curiosidad es la puerta de entrada a tu camino. Tu camino está conectado con aquello por lo que ya sientes una curiosidad natural y, para vivir alineado con tu camino, lo único que tienes que hacer es empezar a seguir tu curiosidad sin juzgarla. Te mostraré cómo identificar y explorar tu curiosidad y cómo seguirla hará que tus experiencias cotidianas como minimalista espiritual sean más emocio-

nantes y satisfactorias. Además, a medida que tu camino te exija dar saltos de fe, empezarás a notar cómo tu seguridad no procede de circunstancias externas, sino de la confianza interna en que, mientras te mantengas fiel a tu curiosidad, los puntos se conectarán y siempre te encontrarás en el lugar y el momento adecuados (para ti).

6. Siéntete cómodo con la incomodidad. Para desarrollar tu verdadero potencial, tendrás que enfrentarte y lidiar constantemente con la incomodidad, ya sea psicológica, emocional o física. Cuanto más cómodo te sientas ahora con la incomodidad, más resiliente serás cuando experimentes las turbulencias de tu próximo estirón espiritual y menos tentado estarás de intentar controlar tu vida, huir de ella o dejarte vencer por ella. En lugar de ello, aprenderás a sobrellevar la incomodidad experimentando con diversas prácticas de minimalismo espiritual diseñadas para ayudarte a elegir el crecimiento de forma activa y a encontrar comodidad en las situaciones más incómodas.

7. Abraza la libertad de no tener elección. Cambiarás la noción convencional de que tener más opciones es mejor, y en su lugar abrazarás la libertad de tener sólo una opción en la mayoría de las situaciones. Además, la verdadera libertad que persigues no tiene que ver con cuántas opciones más tienes, se trata de cultivar la conciencia interior para saber en cada momento qué opción está más alineada con tus valores. Esto será un efecto secundario de la confianza férrea que desarrolles en la voz de tu corazón.

ELIGE TU PROPIA AVENTURA

En este libro encontrarás un capítulo dedicado a cada uno de los siete principios del minimalismo espiritual. Al principio de cada capítulo, ilustraré ese principio concreto con una o dos historias, seguidas de un plan de acción y otros ejemplos de ese principio en acción, utilizando viñetas, anécdotas, fotos de mi viaje personal e ilustraciones. Al final de cada capítulo echaré un vistazo a mi mochila para ver qué objetos se han convertido en básicos en mi propia aventura de minimalismo espiritual. Como verás, todos mis objetos tienen múltiples usos, lo que caracteriza a un minimalista espiritual, que siempre busca formas creativas de hacer más con menos.

La idea de mostrarte lo que hay en mi mochila no es inspirarte para que me imites, ni para que salgas a comprar nada, ni para que renuncies a tus posesiones mundanas. La idea es mostrarte cómo pienso sobre lo que llevo encima como minimalista espiritual. Entonces, tal vez, puedas adaptar esa forma de pensar a tu versión única del minimalismo espiritual, ya que no hay dos minimalistas espirituales que actúen de la misma manera.

Al igual que mi libro anterior, *Knowing Where to Look*, *Viaja ligero* se presenta al estilo «elige tu propia aventura», lo que significa que te invito a abrirlo al azar y leer cualquier historia o anécdota que te llame la atención. Como aspirante a minimalista espiritual, imagina que tu guía interior te dicta en qué página aterrizar. De ese modo, *Viaja ligero* está diseñado para simular cómo un minimalista espiritual se mueve por el mundo en realidad, dejando que tu curiosidad te guíe de un lugar a otro, de un interés a otro, de una conversación a otra. Así que disfruta de la estructura abierta de este libro, y sigue sólo las sugerencias que sientas que están alineadas con tus valores. Por supuesto, puedes leerlo de cabo a rabo si eso es lo que te indica tu guía interior.

También he añadido referencias a páginas con contenido relacionado por si prefieres profundizar en un aspecto concreto del minimalismo espiritual y, si no, siéntete libre de seguir hojeando. Incluso si tienes poco o ningún interés en practicar el minimalismo, he escrito este libro para ofrecer tanto a los aspirantes a minimalistas como a los no minimalistas una nueva visión del tema que seguro que proporcionará a ambos grupos formas novedosas de vivir una vida más plena.

Además, recuerda que las sugerencias de este libro no pretenden llevar a una transformación de la noche a la mañana, que de todos modos no es sostenible. El proceso de explorar el minimalismo espiritual tiene más que ver con el viaje que con el destino, así que renuncia a tu apego a los tiempos y los resultados e intenta disfrutar del proceso todo lo que puedas. Al fin y al cabo, eso es lo que es un minimalista espiritual: alguien que disfruta del proceso de vivir la vida permitiendo que el resultado sea el que sea, y sabiendo que, en un nivel divino, la vida siempre ocurre *para* él y no sólo a él.

Además, *Viaja ligero* te ayudará a descubrir quién eres, más allá de tus títulos, tus logros, tus miedos, tu personalidad y tus cosas. Te ayudará a crear un espacio interno seguro para dejarte guiar por tu camino único hacia tu máximo potencial y, a medida que explores estos principios y los pongas en práctica a diario, tendrás una vida más plena (y quizá minimalista) que habrás creado de dentro hacia fuera, lo que la hará única para ti.

En otras palabras, aprenderás a dar menos importancia a deshacerte de posesiones de una forma metódica, a limpiar tu armario o a vivir la vida de otra manera, y más importancia a conectar con tu yo *verdadero* (la parte de ti a la que no le preocupan las opiniones externas) y permitir que esa conexión determine lo que ocurre a continuación. Tal vez sea vaciar tu armario o reducirlo a un armario cápsula, o podría ser cambiar tu casa por una autocaravana y viajar por todo el país.

No es posible predecir cómo te afectará a ti. Todo lo que sé es que, pase lo que pase cuando experimentes este libro y pongas en práctica los principios del minimalismo espiritual que sientas que están alineados con tus valores, ¡te llevará a una aventura que cambiará tu vida!

PRINCIPIO 1:

Prioriza y cultiva la felicidad interior

«Si no estás seguro en el plano espiritual, no importa lo seguro que estés en el económico. Siempre sentirás que no tienes suficiente».

— The Spiritual Minimalist

LA OLA SOLITARIA

Una ola solitaria estaba agotada de tener que mantener sus conductas de supervivencia de forma agresiva. Al fin y al cabo, una ola aislada debe esforzarse mucho para coexistir entre olas más grandes y fuertes, y pasa la mayor parte del tiempo protegiéndose del peligro y especulando sobre lo que traman las demás olas más potentes.

Al enterarse de los males de la ola solitaria, una ola intrépida se acercó y le ofreció un sabio consejo:

— Deberías intentar no alterarte.

— ¿Por qué querría hacer eso? –preguntó la ola solitaria–. ¿No debería estar pensando en cómo hacerme más grande para poder ser tan intimidante y poderosa como esas olas enormes?

— Tal vez. Pero primero intenta no alterarte –respondió la ola intrépida con una sonrisa cómplice–.

La ola solitaria decidió seguir el consejo de la ola sabia y empezó a intentar no alterarse. No estaba acostumbrada a hacerse más pequeña de forma intencionada, pero sólo tuvo que esforzarse menos y empezó a empequeñecer de forma natural. Poco a poco, fue perdiendo sus límites y, sin darse cuenta, la ola solitaria se hizo una con el océano.

Al cabo de un rato, resurgió con regocijo.

—Ha sido muy interesante –le dijo a la ola intrépida–. Nunca me había sentido tan conectada. Era como si formara parte de algo más grande que yo misma.

Con entusiasmo, la ola solitaria repitió esta práctica de no alterarse una y otra vez, día tras día y, efectivamente, empezó a desarrollar una confianza y una seguridad internas que nunca antes había experimentado, por el mero hecho de hacer menos. En consecuencia, se sintió menos sola.

Cuando la ola solitaria no se alteraba de forma no intencionada, se relajaba más en los momentos en que las cosas no salían como ella quería. Dejó de tomar decisiones basadas en el miedo, y sintió una conexión extraña pero familiar con todas las demás olas, incluso con las más grandes, que las hacía parecer menos intimidantes y aterradoras.

Cuanto más practicaba el no alterarse, más empezaba a operar desde su verdadera naturaleza (su naturaleza oceánica) y más se daba cuenta de que nunca había sido una simple ola solitaria entre todas esas olas más grandes y poderosas. Al contrario, era realmente el poderoso océano, expresándose como una ola individual.

TÚ ERES EL ESPÍRITU

Desde la perspectiva minimalista espiritual, eres el espíritu (el océano) expresándose como ser humano (una ola), y cuando dediques tiempo y esfuerzo a perder la conciencia de tu individualidad mediante el proceso de no alterarte de forma regular (a través de la meditación), adquirirás conciencia de tu verdadera naturaleza espiritual. Esta conexión con el espíritu te facilitará la materialización de los otros seis principios del minimalismo espiritual:

- Tomar las decisiones importantes desde el corazón.
- Tratar la vida como si no hubiera momentos descartables.
- Estar dispuesto a dar lo que quieres recibir.
- Seguir tu curiosidad.
- Sentirte cómodo con la incomodidad.
- Acoger la libertad de no tener elección.

Como resultado, empezarás a vivir una vida más plena, porque esos saltos de fe que antes te parecían demasiado aterradores para considerarlos de forma seria te parecerán menos aterradores y más factibles. Las decisiones que antes estaban envueltas en la incertidumbre serán más fáciles de tomar (como: «¿Debería deshacerme de lo viejo para hacer sitio a algo que parezca más acorde?»). Al conectar con tu fuerza de espíritu inherente, serás cada vez más intrépido en todo lo que hagas y en todo lo que seas, y te darás cuenta de que la persona que eres en el fondo ya es perfecta, íntegra y completa (como el océano).

No necesitarás validarte adquiriendo más de lo que ya tienes. Ya no necesitarás estar a la altura de los demás; no sucumbirás con tanta facilidad a la terapia de ir de compras. De hecho, puede que te sientas inspirado para vivir con menos; mucho menos. No es que tengas que vivir con menos para ser libre, sino que, al incorporar estos principios, te *sentirás* libre. Como resultado, querrás aligerar tu carga de forma natural y vivir de forma diferente a la versión de ti que se sentía vacía o que necesitaba adquirir más cosas y experiencias para llenar el vacío.

Con ese cambio de perspectiva de dentro hacia fuera, te sentirás más atraído por la sencillez en todos los ámbitos de la vida de forma natural, y puede que te sientas más móvil, más minimalista y más adaptable al cambio. Además, como estarás menos preocupado por perder tus cosas, estarás más dispuesto a liderar, a decir tu verdad y a mostrarte con autenticidad en todos los ámbitos de la vida.

ACCIÓN: ESTABLECER CONTACTO

Para dejarte guiar por tu espíritu, primero tienes que establecer un contacto regular con él y cultivar una relación con tu guía interior, o lo que las antiguas tradiciones espirituales denominan la «la voz interior silenciosa». No es una hazaña fácil, porque hay muchas voces que compiten en nuestro interior, sobre todo cuando nos sentamos a meditar. Ésa es una de las razones por las que mucha gente prefiere no sentarse con los ojos cerrados durante un período de tiempo significativo. Todas esas voces que compiten entre sí pueden hacer que la experiencia resulte bastante insoportable.

Es algo parecido a lo que le ocurre a un atleta en un estadio deportivo que intenta concentrarse en su deporte, pero se distrae con todo el mundo que está en las gradas gritándole qué movimientos debe hacer. En esta analogía, la voz interior silenciosa equivaldría a la de los aficionados sentados en la parte alta de la grada, que apenas sería audible para el deportista que está en el suelo. Mientras tanto, las voces basadas en el miedo y las voces del condicionamiento social tienen asientos en primera fila, sólo porque nos hemos acostumbrado a escucharlas y a hacer caso de sus advertencias a lo largo de nuestra vida. Por eso, esas voces basadas en el miedo suelen parecer las más ruidosas cuando empezamos a meditar. También son las voces que nos hacen concluir que tenemos una «mente de mono» y que somos incapaces de meditar.

Pero el objetivo de la meditación diaria es conseguir que la voz interior silenciosa (también conocida como la «voz del corazón») cambie su lugar por el de las voces basadas en el miedo. En otras palabras, no puedes librarte de ninguna de las voces, ni puedes detener tus pensamientos como si fueran nubes en el cielo, o centrándote sólo en los pensamientos positivos. Lo que sí puedes hacer, con el tiempo y la práctica, es permitir que la meditación suba el volumen de la voz interior silenciosa, que son los pensamientos que te animan a ser tu yo más auténtico, a hacer lo correcto, a actuar con amor y a presentarte de forma plena en el momento.

A medida que empieces a oír tu voz interior silenciosa con más claridad, te resultará mucho más fácil seguirla, y será más fácil tratar a las otras voces que te dicen lo que *no* debes hacer (y que te hagas pequeño, y que finjas que te sientes de forma distinta a como te sientes en realidad, y que te disocies de tus emociones, y que te contraigas de una forma u otra) como el ruido de fondo que merecen ser, y no las voces que dirigen el espectáculo. A estas alturas no es importante saber qué voz es cada una; lo importante es que te centres en construir una práctica *diaria* de meditación, y el cambio se producirá de forma gradual con el tiempo y la experiencia. Aprenderás a verificar que, efectivamente, el cambio se ha producido por la calidad de tus elecciones cotidianas.

CÓMO MEDITAR

Llevo más de veinte años practicando meditación durante veinte minutos, dos veces al día, como un reloj. Lo que marcó la mayor diferencia para mí fue tener un maestro que me enseñó un enfoque muy minimalista de la meditación, el cual me permitía sentarme con comodidad y aceptar mi mente tal como es. De todas las técnicas de meditación que he probado a lo largo de los años, el enfoque que aprendí de mi profesor fue, con diferencia, el menos complicado, curiosamente, el más impactante.

Los diez pasos para meditar como un minimalista espiritual

1. Tan temprano como te sea posible, siéntate con un apoyo cómodo para la espalda (no hace falta que estés en el suelo).
2. Programa una alarma suave (como una campanilla) para que suene en quince o veinte minutos.
3. Cierra los ojos.
4. Haz tres respiraciones profundas, relajando más el cuerpo con cada espiración.

5. Después de la tercera respiración profunda, respira con naturalidad y mantén una actitud amigable hacia tus pensamientos, sin importar de qué traten.

6. Utiliza tu respiración natural como un ancla suave y delicada.

7. Cuando tu mente divague de pensamiento en pensamiento, vuelve con suavidad a tu respiración (es posible que tu mente divague docenas de veces en una sola meditación).

8. Continúa respirando de forma natural durante todo el proceso (no es necesario controlar ni profundizar la respiración).

9. Cuando suene tu alarma, haz otras tres respiraciones profundas inspirando y espirando por la nariz o la boca.

10. Después de la tercera respiración profunda, abre poco a poco los ojos.

Por favor, no lo compliques de más

A muchos nuevos meditadores les encanta complicar su práctica preguntándose si las palmas de las manos deben estar hacia arriba o hacia abajo, o si los dedos deben estar juntos, o si deben tener música suave sonando de fondo, o si necesitan un altar delante, o si deben presenciar sus pensamientos como nubes, o visualizar una luz blanca que envuelve su cuerpo. La respuesta es no y mil veces no. Compréndelo: no necesitas añadir *nada* a los diez pasos y tampoco necesitas añadir lo que estés considerando ahora mismo como una excepción.

No necesitas soltar nada, centrarte en nada, ser testigo de nada, notar nada, visualizar nada, cantar nada, resistirte a nada ni tener la intención de que ocurra nada en concreto. No te centres en la voz interior silenciosa; no intentes averiguar lo que dice. No sostengas cristales que se supone que te ayudan a conectar con tu guía interior. Insisto en que éste es el enfoque espiritual minimalista de la meditación; se trata de despojarse de todos los elementos innecesarios. Básicamente, lo único que estás haciendo es practicar el *ser*, que es lo contrario del hacer. Con el tiempo y la experiencia, verás cómo este enfoque hace maravillas para subir el volumen de la voz de tu corazón.

¿Cuánto tiempo necesitarás? El que haga falta. Para algunas personas, pasarán semanas antes de que vuelvan a conectar con la voz de su corazón, y para otras pueden ser meses. El factor más importante es la constancia. **No te saltes tus meditaciones diarias.** ¿Cómo sabrás si está funcionando? Lo sabrás por la calidad de tus decisiones. La mayoría de las veces empezarás a elegir seguir a tu corazón, sin que te lo pida nadie, en lugar de seguir a tu cabeza, incluso cuando te dé miedo hacerlo; pero hablaremos más de ello cuando veamos el siguiente principio, que trata de seguir a tu corazón. De momento, tienes que ser capaz de oír lo que dice tu corazón. De lo contrario, no podrás seguirlo como es debido, y eso es lo que tu práctica diaria de meditación te ayudará a hacer mejor que llevar un diario, hacer terapia, ejercicio o cualquier otra cosa que puedas estar haciendo para ayudarte a escuchar y seguir a tu corazón.

LA NATURALEZA DE TU MENTE

En 2018 publiqué un libro sobre meditación titulado *Bliss More*. Lo escribí para aquellas personas que creen en el poder de la meditación, pero que no están seguras de cómo meditar de un modo que les resulte agradable. En el libro enseño lo que yo llamo el enfoque EASY de la meditación. EASY es el acrónimo en ingles de abrazar, aceptar, rendirse y ceder *(Embrace, Accept, Surrender, Yield)*. Son sugerencias sobre cómo tratar tus pensamientos en la meditación, para un disfrute óptimo. Si la queja número uno de los meditadores es tener la «mente ocupada», la mejor forma de neutralizarla es negándote a tratar a tu mente como enemiga de la meditación. A medida que cultives una relación más amistosa con tu mente pensante durante la meditación, descubrirás que tus pensamientos más ruidosos se vuelven menos intrusivos de forma gradual.

Eso significa que, con suerte, dejarás de referirte a tu hermosa mente como «mente de mono», que es como muchos meditadores novatos describen su mente en la meditación. Es habitual comparar la mente con un mono borracho con epilepsia al que ha picado una abeja, y que se columpia de forma errática de rama en rama (o, en el caso de la meditación, de pensamiento en pensamiento). Esta asociación con un mono borracho es lo que hace que los nuevos meditadores se avergüencen de sí mismos a lo largo de la práctica, es decir, que culpen a su supuesta mente de mono de sabotear lo que de otro modo habría sido una experiencia dichosa.

Pero la realidad es que tu mente no está rota, no está corrompida y, desde luego, no es un mono borracho con epilepsia. La naturaleza de tu mente es tener pensamientos, y un número considerable de ellos. Según las investigaciones, la persona promedio (meditadora o no) experimenta entre sesenta mil y noventa mil pensamientos al día, lo que equivale a unos tres pensamientos por segundo. Así que todos nosotros, independientemente de nuestro género, raza, cultura o incluso experiencia previa con la meditación, tenemos técnicamente una mente «ocupada».

Si eso te parece un montón de pensamientos, considera lo siguiente: has experimentado docenas de pensamientos en los aproximadamente veinte segundos que has tardado en leer de manera distendida ese párrafo anterior. Si cuentas al menos un pensamiento por palabra, entonces tuviste al menos ochenta y siete pensamientos. Pero probablemente no te parecieron tantos ni mucho menos, ¿verdad? Eso es porque estabas concentrado en la tarea de leer, y la mayoría de esos pensamientos estaban relacionados con esa actividad, que has realizado innumerables veces. Así que tu mente completó de forma inconsciente gran parte de la información con el reconocimiento de patrones, el procesamiento de palabras familiares, la comprensión de la estructura de las frases y las comparaciones cruzadas, además de asimilar las variables externas como las vistas, los ruidos, los olores, los sabores y los sentimientos circundantes. Así es como los investigadores llegaron a la cifra de más de sesenta mil pensamientos al día.

But the reality is that your mind is not broken, it's not corrupted, and it's certainly not a drunk monkey with epilepsy. The nature of your mind is to think thoughts, and a significant number of thoughts at that. According to research, the average person (meditator or not) experiences sixty thousand to ninety thousand thoughts each day,

which equals somewhere in the range of three thoughts per second. So all of us, regardless of our gender, race, culture, or even previous experience with meditation, technically have a «busy» mind.

El párrafo anterior no es un error de imprenta. Es el mismo párrafo anterior de ochenta y siete palabras, pero traducido al inglés. ¿Has intentado leerlo? Si es así, ¿sentiste tu mente más ocupada a pesar de que el párrafo expresaba los mismos pensamientos? Si no entiendes el inglés, a tu mente le costará más reconocer patrones y se inundará de pensamientos sobre el significado, juicios sobre tu falta de comprensión, tu lento progreso, las ramificaciones negativas de entender mal lo que lees, preguntas sobre por qué está en inglés, y demás. En otras palabras, tendrás el mismo número de pensamientos, pero la experiencia de enfrentarte a la lengua extranjera hará que tu mente se sienta más ocupada al instante, y tu deseo de abandonar será exponencialmente mayor.

Esto es básicamente lo que sucede en la meditación. Si piensas en la meditación como en una lengua extranjera, tiene el mismo efecto. Como sentarse con los ojos cerrados sin hacer nada es tan poco familiar, hace que tus pensamientos sean más acentuados, porque tu mente se siente perdida; está divagando; está distraída; intenta comprender lo que se le comunica. Además, se te pide que *no* te concentres de forma intencionada en ninguna actividad, sensación o pensamiento en particular, y que simplemente seas. Pero *ser* puede resultar difícil (al principio) porque supone dejar de hacer, que es el estado de acción al que estamos acostumbrados, como nuestra lengua materna. Con la meditación, la mente no tiene nada con lo que comparar o etiquetar el ser, aparte de «una pérdida de tiempo» o «una actividad aburrida» cuando se contrasta con hacer algo «productivo» o entretenido.

También puedes tener la sensación de que el volumen de tu mente durante la meditación sube de un nivel de «pensamiento normal» a un nivel de «mente de mono» atronador, que te lanza una serie de pensamientos que parecen ruidosos, dispersos, ansiosos, espásticos o incluso aburridos, muchos de los cuales consisten en remordimientos de tu pasado, conversaciones, letras de canciones, hilos de pensamientos aleatorios sobre experiencias completamente inconexas, somnolencia, objetivos y ambiciones y sensaciones extrañas. Pero he aquí la cuestión: todo ello forma parte de llegar a ser conversador en el lenguaje de la meditación. A medida que practiques ser amable con *todos* tus pensamientos, en lugar de ser combativo o avergonzarte de ellos, notarás cómo esos pensamientos ruidosos gravitan hacia la parte posterior de tu conciencia, y el volumen de éstos disminuye, dejándote de forma gradual con una mente más asentada que aquélla con la que empezaste la meditación.

LA KRIPTONITA DEL ESTRÉS

Puede que estés pensando: «Light, yo ya medito y no ha supuesto una gran diferencia en mi capacidad para escuchar mi guía interior». Lo que he descubierto es que la mayoría de los meditadores o bien tienen una relación poco estrecha con la constancia, o bien hacen *demasiadas* cosas cuando meditan.

Cuando doy charlas sobre meditación, suelo empezar sondeando a mi público para ver cuál ha sido su frecuencia con la meditación. Empiezo pidiéndoles que levanten la mano si meditan, y si hay cien personas en el público, normalmente unas ochenta lo hacen. Entonces digo: «Levantad la mano si habéis meditado en las últimas veinticuatro horas», y la mitad de esas ochenta manos bajan, dejando unas cuarenta en el aire. A continuación, digo: «Levantad la mano si habéis meditado todos los días de esta semana», y la mitad de esas manos bajan, dejando unas veinte en el aire. Entonces digo: «Levantad la mano si habéis meditado todos los días de este último mes», y casi todas las manos bajan, excepto quizá dos o tres. «Ah, ahí están mis meditadores *diarios*».

La cuestión es que, cuando dices que has estado meditando, no es suficiente con meditar de higos a brevas, ni siquiera unas cuantas veces a la semana. Para acceder a la voz de tu corazón, *tienes* que meditar *cada día* sin excepción. No hay días libres, ni vacaciones, ni cumpleaños, ni fines de semana sin meditación. Esto se debe a que la meditación te ayuda a deshacerte de la causa principal que bloquea el acceso a la voz de tu propio corazón: el estrés.

«Estrés» es un término general para cualquier cosa que te provoque una reacción angustiosa ante una exigencia, presión o cambio de expectativas que, por lo demás, no ponen en peligro tu vida. En otras palabras, cada vez que sientes miedo, tristeza, enfado, aburrimiento u obsesión, tu cuerpo piensa que te están atacando, e iniciará de forma automática la reacción de lucha o huida, que te ayuda a protegerte ante la amenaza potencial.

Para protegerse, tu cuerpo se satura de una gran cantidad de potentes (aunque tóxicas) hormonas del estrés, responsables de estimular la fuerza y la resistencia adicionales para correr y luchar. Pero experimentar estos bioquímicos tóxicos con demasiada frecuencia puede provocar a largo plazo sentimientos de ansiedad, depresión e incapacidad para concentrarse, lo que significa que tu intuición se enturbia y te desconectas de la voz de tu corazón, lo que a su vez conduce a la parálisis por análisis y perpetúa la ansiedad.

En cambio, las hormonas del descanso que se crean y distribuyen mediante la meditación diaria son como la kriptonita para el estrés. En otras palabras, las sustancias químicas de huida de tu cuerpo no pueden sobrevivir ni prosperar en un sistema nervioso saturado de las sustancias bioquímicas que se liberan mediante una práctica diaria de meditación en posición sentada y con los ojos cerrados. Como consecuencia, cada vez te resultará más fácil oír la voz de tu corazón por encima del ruido creado por décadas de acumulación de estrés descontrolado.

RESOLUCIÓN DE PROBLEMAS EN TU PRÁCTICA DE MEDITACIÓN

¿Es posible meditar en exceso?
Claro, pero un problema mucho mayor es no meditar lo suficiente. Al 99 por 100 de las personas les cuesta más ser constantes. Por lo

tanto, no tienes que preocuparte por meditar en exceso. A menos que tengas una inclinación natural hacia el monacato, meditar en exceso no va a ser tu problema. Simplemente intenta ser constante; tu objetivo es meditar una vez al día durante quince o veinte minutos.

¿Cómo sé si estoy meditando cuando estoy meditando?

Del mismo modo que sabes que estás haciendo surf (estás en el agua), o bailando (estás en la pista de baile). No se trata de ser un experto desde el primer día ni de ser capaz de calmar la mente a voluntad. La meditación es un proceso, y mientras estés sentado con la intención de meditar, confía en que estás meditando.

¿Qué porcentaje de tiempo debe divagar mi mente en la meditación?

El 100 por 100 del tiempo. Intentar que tu mente deje de divagar en la meditación es tan inútil como intentar que tu corazón deje de latir pensando una y otra vez: «¡No palpites!». Va a seguir divagando y, por tanto, lo mejor es que cambies tu actitud hacia ella de antagónica a amigable. En otras palabras, nunca castigues a tu mente por pensar. En lugar de eso, si practicas el ensalzar tu mente errante, ésta se asentará más a menudo.

¿Cómo puedo saber si la meditación está funcionando?

He aquí quince formas de saber que tu meditación está funcionando de maravilla, aunque no lo parezca.

1. Tienes más energía fuera de la meditación.
2. Duermes mejor por la noche.
3. Eres menos controlador en la vida.
4. Eres capaz de ver el lado positivo en situaciones aparentemente «malas».

5. Tu copa está más medio llena que medio vacía.

6. Eres más valiente cuando se trata de seguir a tu corazón.

7. Te preocupas menos.

8. Eres más adaptable al cambio.

9. Aceptas mejor el rechazo.

10. Enfermas con menos frecuencia.

11. Disfrutas mucho más de tu propia compañía.

12. Eres más atrevido.

13. Priorizas el autocuidado.

14. Eres más decidido.

15. Estás más presente.

¿CÓMO SE RELACIONA LA MEDITACIÓN CON EL MINIMALISMO?

La meditación desempeñará un papel crucial en tu viaje hacia el minimalismo espiritual, ayudándote a acceder a la voz de tu corazón, que te dice lo que es bueno para ti y lo que debes dejar pasar. Imagina cuánto tiempo podrás ahorrar cuando ya no tengas que deliberar sobre si algo es o no adecuado para ti.

Con un mayor nivel de discernimiento, puedes ser dos veces más eficaz que alguien con el doble de tiempo, por el simple hecho de estar recibiendo orientación interna sobre cómo optimizar mejor tu tiempo. Éste es el significado del axioma espiritual «hacer menos para lograr más», por eso tu capacidad de discernimiento es crucial en tu viaje hacia el minimalismo espiritual. Tu poder de discernimiento te ayudará a sentir qué objetos y experiencias son relevantes para ti, qué libros leer, qué lugares visitar y a quién invitar en tu viaje.

Cuando las personas no tienen acceso a su poder de discernimiento, tienden a dar prioridad a las cosas equivocadas, y es la acumulación de dar prioridad a esas cosas equivocadas miles y miles de veces lo que, en última instancia, conducirá a experiencias como una mala salud o permanecer atrapado en trabajos que absorben el alma o en malas relaciones. Esas situaciones no surgen de la nada ni ocurren por casualidad. Se producen por tomar una mala decisión tras otra, sin contar con el suficiente discernimiento, cientos de miles de veces.

Naturalmente, muchas personas en este tipo de situaciones negarán que el resultado de su vida sea consecuencia directa de su falta de discernimiento, pero incluso su incapacidad para ver esa conexión también procede de una falta de discernimiento; así que no puedes escapar de ello. Por eso la meditación no sólo es importante, sino necesaria, ya que pocas experiencias pueden expandir la conciencia de forma más eficaz que sentarse una o dos veces al día con los ojos cerrados durante quince o veinte minutos y entrar en tu interior.

Una vez que te comprometas con tu práctica diaria, esas conexiones que antes te resultaban invisibles empezarán a revelarse como esos rompecabezas del Ojo Mágico, y no tendrás que leer ni ver vídeos sobre lo útil que es la meditación, porque finalmente lo verás por ti mismo al vivir la experiencia directa.

QUÉ HAY EN MI MOCHILA: CHAL DE MEDITACIÓN

Los chales de meditación son tan antiguos como la propia práctica. Tu chal no sólo te hace parecer un meditador serio, sino que el minimalista espiritual sabe que un chal de meditación de confianza tiene utilidad más allá de su práctica diaria.

El tipo de chal que yo utilizo es una *pashmina* hecha de lana del pelo de la capa interna que las cabras mudan de forma natural cada primavera. Los changpa del Himalaya peinan y recogen el pelo de forma tradicional. Curiosamente, los changpa son una tribu nómada.

Conseguí mi *pashmina* en Rishikesh, que se encuentra en las faldas del Himalaya, en el norte de la India. Durante los meses más fríos del invierno, me gusta tener mi chal cerca para estar cómodo durante la

meditación. Lo que he descubierto es que cuanto menos te distraiga la temperatura, más fácilmente se asentarán tu mente y tu cuerpo durante la meditación. En ese sentido, tu chal puede aumentar o disminuir de forma significativa la calidad de tu práctica.

Cualquier chal sirve para meditar, y los chales de *pashmina* son extremadamente finos y fáciles de transportar, además de cómodos. Aunque mi chal es principalmente para meditar, no se limita a ese propósito.

Aquí tienes otras siete formas en las que he utilizado mi fiel chal de meditación desde que me convertí en meditador diario hace muchas lunas, y un vistazo a lo que te estás perdiendo si aún no utilizas uno para tu práctica diaria.

Como manta adicional
En caso de que estés de viaje y no haya suficiente calor en la habitación, puedes extender tu chal entre la sábana y el edredón para sentirte más a gusto.

Como manta para la siesta
Si necesitas un poco más de descanso después de tu meditación diaria, túmbate (o recuéstate y echa la cabeza hacia atrás) y utiliza tu chal como manta.

Como antifaz
Si por cualquier motivo quieres disminuir la luz de tu habitación o del avión, pero no tienes control sobre el interruptor, puedes envolver suavemente tu chal alrededor de los ojos, y se convertirá en el antifaz perfecto para conseguir un descanso más profundo.

Como mosquitera

Todos hemos tenido esa experiencia en la que estás intentando dormir en mitad de la noche y un mosquito te zumba en la oreja. Puedes empezar a dar manotazos en la oscuridad (una pista: no lo vas a atrapar), o puedes ponerte tu fiel chal de meditación sobre la cara. Es lo bastante grueso para protegerte de las picaduras de mosquito, pero lo bastante ligero para permitirte respirar.

Como protector contra moscas

¿Estás meditando en un lugar donde las moscas se posan sobre ti? Si aún no has alcanzado el estado de iluminación en el que los insectos no te perturban, tu chal de meditación puede ser un protector útil contra ese tipo de molestias.

Como almohada

Si te encuentras en un vuelo largo y tienes la suerte de disponer de una fila para ti solo, puedes enrollar el chal y utilizarlo como almohada, o si estás sentado en una silla, es un reposacabezas perfecto.

Como bata improvisada

Cuando te levantes por la mañana, pero aún no te hayas vestido, tu chal evitará que ofendas a nadie paseándote en ropa interior (o sin ella). Sólo tienes que envolvértelo alrededor de la cintura o el pecho como harías con una toalla de baño.

Si no estás interesado en un chal de meditación, el objetivo de la sección «Qué hay en mi mochila» es que pienses como un minimalista espiritual cada vez que compres o adquieras nuevos objetos y tengas en cuenta todas las formas en que se pueden utilizar. De ese modo, sin ni siquiera intentar minimizar, te encontrarás haciendo más con menos si alguna vez te sientes inspirado para viajar más ligero.

PRINCIPIO 2:

Toma decisiones desde el corazón

«*No* seguir a tu corazón es una forma de traición a ti mismo, lo que significa que lo que venga después es responsabilidad tuya».

– The Spiritual Minimalist

MI SALTO DE FE

En 2007, era habitual ver a hípsteres congregarse frente a mi apartamento de una habitación en West Hollywood para que yo les entregara su mantra personalizado. Ése fue el año en que empecé a enseñar meditación védica y, en el proceso, me convertí en el repartidor de mantras del barrio. Mi camino hacia la enseñanza de la meditación requirió una serie de osados saltos de fe, y sentí que de verdad había encontrado mi vocación.

Estaba ganando más dinero que nunca, haciendo algo que sinceramente habría hecho gratis, mientras ayudaba a la gente de una forma que sentía auténtica y alineada con mi alma. A todas luces, estaba viviendo mi sueño y, por si fuera poco, ese mismo año conocí a una hermosa joven en una tienda de alimentación saludable y entablamos una relación amorosa que culminó con el alquiler de una

encantadora casita de playa en uno de los barrios más deseados de Venice Beach, California.

Entonces, sólo unos meses después de mudarnos, por alguna razón inexplicable, mi negocio de enseñanza de meditación empezó a estancarse. Estaba adquiriendo experiencia y me estaba convirtiendo en mejor profesor, pero la gente dejó de venir a aprender. Acabábamos de mudarnos a una casa mucho más cara, lo que suponía una gran presión económica para hacer frente a las facturas.

Entonces, de repente, mi novia rompió conmigo y se fue de casa. Me quedé atónito, triste y abrumado porque mi alquiler se duplicó de la noche a la mañana. Mientras tanto, las facturas se acumulaban y yo estaba desesperado por enseñar a la gente a meditar. Las pocas personas que acudían a mis orientaciones gratuitas percibían mi desesperación, así que no se apuntaban a mi formación de pago.

Fue una época muy confusa porque, en el fondo, sentía que había encontrado mi camino y que estaba siguiendo mi corazón. Aunque las cosas empezaron bien, me lo cuestionaba todo. ¿No estaba destinado a enseñar meditación? ¿Tenía que irme a otra parte? ¿Cómo iba a pagar las facturas? ¿Debía conseguir un trabajo a tiempo parcial?

Nunca olvidaré que una noche, a altas horas de la madrugada, entré en Internet y comencé a buscar trabajos a tiempo parcial en Los Ángeles por dieciocho y veinte dólares la hora. Leía las descripciones de los puestos: este trabajo requiere veinte horas a la semana de tal o cual tipo de trabajo, y debes estar dispuesto a desplazarte a Brentwood, o Pasadena, o algún otro lugar lejos de Venice Beach. Recuerdo estar allí sentado tratando de encontrar formas creativas de desplazarme a un trabajo a tiempo parcial sin dejar de tener tiempo para enseñar meditación cada vez que surgía una oportunidad. No era fácil, porque las oportunidades de enseñar meditación podían ser muy esporádicas, pero seguí buscando el trabajo a tiempo parcial adecuado.

Entonces, se me ocurrió algo (ahora sé que era la voz de mi corazón, pero entonces sólo me pareció un destello de inspiración). Empecé a pensar: «Tío, estoy pensando mucho en cómo puedo combinar trabajos y añadir valor al negocio de otra persona. Pero ¿y si invirtiera esa misma energía creativa en mi vocación? ¿Y si dedicara

esas mismas veinte horas semanales a trabajar de forma intensa para ser mejor profesor, o en mi *marketing*, o en algún otro aspecto de mi negocio de enseñanza?».

Empecé a pensar en cómo podría añadir más valor al espacio de la meditación, que en aquel momento estaba aún en pañales. La voz de mi corazón me dijo entonces que cogiera mi cámara de fotos (era antes de los teléfonos inteligentes) y empezara a grabar vídeos sobre distintos aspectos de la meditación (por ejemplo, respondiendo a las preguntas más frecuentes o ayudando a definir términos como «conciencia» y «nirvana»), y que empezara a publicarlos en un sitio web llamado YouTube, que había sido lanzado unos años antes.

Así que, durante los dos días siguientes, convertí mi salón en un plató de vídeo. Cada día grababa varios vídeos de tres o cuatro minutos sobre diversos aspectos de la meditación y los subía a YouTube. Los vídeos cosecharon modestas visitas, y poco a poco mi enseñanza de la meditación empezó a remontar, lo suficiente para pagar mis facturas más importantes, pero no mucho más.

Entonces, mi corazón sembró la idea de organizar un viaje para enseñar meditación en Nueva York. Aquello me daba miedo, porque hasta entonces no había dado clases fuera de Los Ángeles. Tenía menos de mil dólares a mi nombre y facturas que rondaban los tres mil o cuatro mil dólares, de modo que si volaba hasta Nueva York y resultaba que la cosa iba mal, estaría arruinado porque, además del vuelo, tendría que pagar por adelantado un espacio para dar clases, un lugar donde alojarme y afrontar otros gastos con un dinero que no podía perder.

Mientras tanto, recordé que algunos de mis amigos de Nueva York me habían estado rogando que fuera a enseñarles a meditar, pero no confiaba en que se presentaran si realmente iba. Mientras me debatía entre la voz del miedo, que me decía que no me gastara el dinero que me quedaba en un viaje al que no iba a presentarse nadie, y la voz del corazón, que me animaba a dar el salto, decidí a regañadientes que tenía que seguir a mi corazón.

Así que me gasté la mitad de mis últimos mil dólares en un billete de avión a Nueva York y el resto en alquilar un local para dar clases. Como sospechaba, cuando llegué a mi orientación «gratuita» sobre meditación, ninguno de mis amigos que me habían estado rogando que fuera a Nueva York se presentó en la sesión. De hecho, sólo había unas seis personas en la sala de las aproximadamente quince que habían confirmado su asistencia.

Intenté no mostrar mi decepción y, en lugar de eso, impartí mi orientación como si estuviera hablando a una multitud de cien personas. Cuatro de las seis personas acabaron apuntándose a mi formación de pago, con lo que conseguí unos seis mil dólares (más que suficiente para pagar el viaje y mis facturas).

Uno de esos alumnos era un fisioterapeuta que mostró tanto entusiasmo en la formación que me invitó a volver a Nueva York para enseñar a todos sus clientes desde su estudio de fisioterapia, que me ofreció de forma gratuita, y me aseguró que tenía docenas de neoyorquinos acomodados que se apuntarían a mi formación. Cuando le pregunté cómo había descubierto mi curso, respondió: «He estado viendo tus vídeos de YouTube».

Esta nueva colaboración reavivó mi negocio de enseñanza de la meditación. Pasé de no tener dinero suficiente para pagar el alquiler a enseñar a cientos de alumnos ese año y a convertirme en uno de los mejores profesores de meditación de las Costas Este y Oeste de Estados Unidos. Mis vídeos de YouTube seguían ganando atractivo y cada vez venía más gente a aprender, todo gracias a que seguí la voz de mi corazón.

Empecé a impartir talleres por todo el mundo; organicé y dirigí retiros con entradas agotadas; di una charla TEDx que se hizo viral; empecé a escribir libros, y nunca más tuve que buscar un trabajo a tiempo parcial. De esta experiencia aprendí muchas cosas, pero las principales son las siguientes:

En primer lugar, cuando la voz de tu corazón te guía en la dirección de tu propósito, lo que te ayuda a empezar no va a ser necesariamente lo mismo que te ayude a sostener y hacer crecer tu propósito, así que tienes que escuchar y seguir continuamente a tu corazón mientras te mantienes creativo a lo largo de tu camino. Tendrás miedo durante gran parte del tiempo, pero es un buen tipo de miedo que acompaña al crecimiento y la expansión, en contraposición al miedo paralizador.

En segundo lugar, un salto de fe no puede ser un acto aislado, debe convertirse en un estilo de vida. Puede haber cien saltos entre donde estás ahora y donde estarás dentro de cinco años, lo que significa que tendrás que confiar una y otra vez en que la voz de tu corazón nunca te desviará del camino.

Por otra parte, si sientes que estás viviendo tu vocación ahora y, sin embargo, no obtienes los recursos o el apoyo que necesitas para llegar a fin de mes, debes empezar a plantearte preguntas diferentes. En lugar de preguntarte cómo vas a pagar tus facturas, también tienes que preguntarte cómo puedes hacer que tu enfoque sea aún más auténtico, y cómo puedes ayudar aún a más gente de una forma más auténtica.

Por último, si te haces ese tipo de preguntas, que son las mejores preguntas que te puedes hacer, las respuestas que te lleguen al final te revelarán los pasos para llevar tu vocación al siguiente nivel. Sin embargo, tienes que estar lo suficientemente tranquilo para escuchar las respuestas con claridad (por eso la meditación es clave), y debes tener el valor suficiente para dar cualquier salto de fe que la voz de tu corazón te esté incitando a dar a continuación (que sería *tu* versión de volar a Nueva York).

ACCIÓN: PROBAR POR SEPARADO LA VOZ DE TU CORAZÓN

Todos tenemos docenas de voces dentro de la cabeza, cada una de las cuales nos dice qué hacer y cómo hacerlo. La gente supone que eso desaparece cuando empiezas una práctica diaria de meditación, pero en realidad, ese sinfín de voces seguirá ahí dentro, gritando y compitiendo por tu atención, cada una sonando con más urgencia y pareciendo más importante que las demás.

Sin embargo, hay una voz que se volverá más nítida con la meditación constante: tu voz interior silenciosa, también conocida como intuición o voz del corazón. Es la voz que te anima a cuidarte mejor cuando estás ocupado, a hacer lo correcto cuando te resulta incómodo y a tomar la decisión valiente incluso cuando la mayoría de la gente elige la opción más segura. Aunque la meditación no puede deshacerse de esas otras voces, puede subir el volumen de la voz del corazón hasta el punto en que ya no te parezca demasiado silenciosa o pequeña como para ignorarla, sino lo bastante alta como para oírla con claridad, de forma convincente y actuar en consecuencia.

Siempre que publico contenido relacionado con seguir a tu corazón, recibo sin falta un aluvión de comentarios y preguntas de lectores que afirman que no pueden oír lo que les dice su corazón, o su guía interior. No sé si alguna vez te has sentido así, pero la razón por la que podría resultarte difícil escuchar la voz de tu corazón es que está compitiendo con muchas otras voces (del ego, del dolor corporal, del miedo, de traumas pasados y demás). El truco está en hacer lo que hacen los emprendedores de éxito con su estrategia de *marketing* en Internet y empezar a probar esas voces por separado de forma intencionada.

En otras palabras, si hay varias voces que ofrecen una orientación contradictoria, empieza a seguir las voces que crees que podrían ser la voz de tu corazón y comprueba si al hacerlo te sientes más inspirado o menos inspirado. Después de realizar quinientos o quizá mil experimentos de este tipo, acabarás por descubrir cuál es la verdadera voz de tu corazón. Ésa es la voz que te empuja en la dirección de tu potencial, que a menudo se aleja de tu zona de confort y se acerca a tu zona de crecimiento, donde no tienes ni idea de cómo van a salir las cosas, pero cuando consideras el mejor resultado posible, te hace sentir en expansión. Ése es uno de los signos reveladores de que te está guiando la voz de tu corazón.

Instrucciones para la prueba por separado

Aprender el lenguaje de la voz de tu corazón se parece mucho a aprender un idioma nuevo. Cuando eres niño, obviamente es mucho más fácil aprender una lengua nueva simplemente exponiéndote a ella, pero cuando eres adulto, debes estudiar esa lengua nueva con detenimiento, practicarla de forma intencionada y estar dispuesto a cometer muchos errores en un esfuerzo por llegar a hablarla con fluidez.

Del mismo modo, con la voz de tu corazón, debes estudiar todas tus voces internas y practicar siguiendo de forma intencionada las que sientas que representan la verdadera voz de tu corazón. Por supuesto, cometerás errores y puede que en algunos momentos sigas por accidente tu voz del ego o tu voz basada en el miedo, pero así es como aprenderás a distinguir la voz de tu corazón de todas esas otras voces.

Vamos a ver algunas de las cualidades que debes buscar para identificar la verdadera voz de tu corazón.

La voz de tu corazón no te dirá lo que no debes hacer, sólo lo que debes hacer. Por ejemplo, la voz de tu corazón no te dirá: «No hables con esa persona». En lugar de eso, puede que diga: «Ahora mismo, limítate a saber escuchar».

La voz de tu corazón te impulsará a salir de tu zona de confort. Por ejemplo, puedes sentir la tentación de felicitar de corazón a un desconocido por su estilo. Es la voz de tu corazón la que te incita, así que hazlo.

Te empujará a ser más valiente. Por ejemplo, cuando estés en un grupo, puede que te pidan que te levantes y compartas una experiencia personal que hayas tenido y que pueda ayudar a los demás, y la voz de tu corazón será la que te diga: «Adelante, habla desde tu corazón», mientras que tu voz del miedo puede estar instándote a *no* hablar por si dices una estupidez.

Es lo contrario de la aversión. Si sientes repulsión o miedo ante una posibilidad potencialmente embarazosa, la voz de tu corazón suele ser la que te empuja a afrontarla. Si no la controlas, la voz del miedo puede dirigir tu vida, porque has seguido sus consejos durante mucho tiempo. Así que si sientes el impulso de huir de algo que podría ser útil, provechoso o motivador (debido al miedo), intenta hacer lo contrario.

Otra señal de que estás escuchando la voz de tu corazón es que no te está librando de lo que has decidido hacer para mejorarte a ti mismo o a tu rincón del mundo. Te anima a dar un salto de fe, a mantener tu compromiso y a seguir invirtiendo en ti y en tu propósito.

Señales de que la voz que oyes *no* es la voz de tu corazón: te está tentando a abandonar en lugar de buscar otras soluciones, a actuar de un modo que te perjudicaría a ti o a los demás, a buscar un atajo o un camino más fácil para no tener que sentirte incómodo, a hacerte pequeño, a complacer a la gente, a disculparte por ser tú mismo, a pedir permiso antes de seguir a tu corazón, o a buscar una señal externa antes de actuar según lo que sientes en tu interior.

Cómo poner a prueba la voz de tu corazón

Empieza a actuar según lo que sospechas que es la verdadera voz de tu corazón.

Si te dice que vayas a la izquierda mientras caminas hacia algún sitio, entonces ve a la izquierda, aunque te desvíe un poco de tu camino.

Si te dice que cojas un libro determinado de la estantería y lo hojees, hazlo, aunque no te interese el tema del libro.

Si te dice que te detengas a oler una flor, detente a olerla, aunque estés llegando tarde.

Si dice que te acerques a una persona atractiva y le pidas su número, no dudes en pedírselo. Incluso puedes echarle la culpa a este ejercicio si no te sientes muy seguro de ti mismo.

Una vez que actúes según lo que sientas que es la voz de tu corazón, observa cómo resultan las cosas. Si te encuentras en el lugar adecuado en el momento adecuado, es un buen indicio de que estás siguiendo la voz de tu corazón. He aquí otras consideraciones para confirmar que efectivamente estás escuchando la voz de tu corazón.

El mensaje era alentador. Seguirlo con éxito te hizo sentir más capacitado como resultado.

Te guio para que fueras el héroe y no la víctima. Los héroes actúan; las víctimas reaccionan. Si te sentiste llamado a ser valiente en la acción, entonces era sin duda la voz de tu corazón.

Te colocó en una situación de servicio. Seguirla te permitió ayudar a los demás de alguna forma significativa y posiblemente inesperada.

Intenta actuar según la guía de la voz de tu corazón al menos una vez al día, y sigue haciéndolo hasta que hables su idioma. Cuanto más familiarizado estés con la voz de tu corazón, más fácil te resultará seguirla y pronto empezarás a ver que, por mucho miedo que te dé seguirla a veces, siempre tiene en cuenta tus mejores intereses.

Con el tiempo, conseguirás subir al máximo el volumen de la voz de tu corazón, hasta el punto de que se convierta en una voz alta y molesta, como la de un compañero de piso que te está recordando que llevas dos semanas de retraso en el pago de tu mitad de la factura de la luz, y que no te deja hacer nada más hasta que te hagas cargo del pago. Lo creas o no, la voz de tu corazón puede llegar a ser así de fuerte y molesta, y no te dejará hacer nada más hasta que la sigas.

Aquí es donde sería ideal que estuviera el volumen de la voz de tu corazón. De ese modo, no tendrás que depender de la motivación o la inspiración para seguirla, porque lo más probable es que no te apetezca hacer lo que te esté instando a hacer, ya que casi siempre te saca de tu zona de confort. Pero si es lo bastante fuerte y molesta, te dejarás guiar por ella. Por supuesto, puedes arrastrar los pies, patalear y gritar, pero la seguirás, aunque sólo sea para hacerla callar.

Y entonces te convertirás en esa persona que en las fiestas y en los viajes por carretera tiene las historias más increíbles que contar, y todas empezarán por: «Estaba en tal o cual situación, y entonces algo me dijo que... y lo hice, y no te creerás lo que pasó después...».

Advertencia: lo que hará que pospongas seguir la voz de tu corazón es el deseo de saber de antemano cómo acabará todo, pero lo cierto es que nunca puedes saber cómo va a resultar; tienes que pasar a la acción y confiar en que todo saldrá bien. Si acabas en lo que consideras un lugar indeseable, siempre puedes volver a dar el salto y puedes seguir saltando tanto como sea necesario, sabiendo que un mensaje legítimo de tu corazón te sacará de tu zona de confort y te llevará a tu zona de crecimiento. Como minimalista espiritual, cuanto más actúes según estas señales internas, menos miedo te dará salir de tu zona de confort.

MEDITA SOBRE ELLO

La gente ofrece todo tipo de consejos sobre las mejores formas de alcanzar objetivos, pero pocos saben cómo determinar cuáles son los mejores objetivos que hay que perseguir en primer lugar. Eso se debe a que la respuesta no se puede buscar de forma externa. Como minimalista espiritual, debes ir hacia tu interior. Debes establecerte de forma repetida en el ser, a ser posible mediante la meditación. Debes familiarizarte con tu paisaje interior tanto como lo haces con tu barrio. Debes aprender sus contornos y sintonizar con sus impulsos, frecuencias y vibraciones.

Además, y lo que es más importante, no debes tratar de *encontrar* una respuesta cada vez que te encuentres en una encrucijada. Tras una o dos semanas meditando cada día sin un resultado concreto en mente, te asentarás lo suficiente como para sentir desde lo más profundo de tu ser qué camino te está instando a tomar la voz de tu corazón. Debes saber que aquello que está alineado con tu corazón también es bueno para los que dependen de ti, así que no te preocupes por si los demás estarán de acuerdo con tu decisión; estarán bien siempre que actúes conforme a lo que sientes en tu interior.

Con el tiempo, la mejor respuesta, la respuesta correcta, la más evolutiva, irá apareciendo poco a poco. Es un proceso que no se puede acelerar, porque ocurre en el momento divino, lo que significa que, si has estado invirtiendo tiempo en tu meditación y aún no puedes detectar lo que dice la voz de tu corazón, entonces la respuesta aún no está lo suficientemente madura como para que actúes en consecuencia. Pero una vez que la respuesta cristaliza, puedes asumir que está lista para la acción.

No dejes que el miedo te haga dudar de ti mismo. El miedo es una respuesta natural al salir de tu zona de confort. Además, un mensaje claro de tu corazón normalmente vendrá acompañado de un elemento de miedo, pero no debería haber más idas y venidas. Nada de buscar una segunda opinión; nada de programar una lectura con un vidente para verificar si lo que has oído es correcto. Olvídate también de preguntar a los demás lo que piensan, porque la respuesta no va a tener sentido para nadie más; sólo para tu corazón.

Así que no te demores; debes actuar con urgencia y plena confianza en que estás en tu camino. Después de todo, has seguido el protocolo para obtener la mejor respuesta, que era establecerte en el ser mediante la meditación. Una vez que el mensaje es claro, es hora de actuar.

ESTAR A FAVOR DE LA CONCIENCIA

Cuando no sigues a tu corazón, a veces puede resultar difícil distinguir entre su sabia voz y las ruidosas voces de tu cabeza. Incluso en las mejores condiciones, cuando estás descansado, sano y tranquilo, la voz de tu corazón puede ser difícil de descifrar.

Una de las formas más rápidas de debilitar aún más tu conexión con la voz de tu corazón es entregándote al alcohol, porque este dificulta aún más oír lo que dice. Si de verdad quieres subir el volumen de la voz de tu corazón, te recomiendo encarecidamente que te abstengas de consumir alcohol por un tiempo.

Si existiera un polo opuesto al minimalismo espiritual, sería el estado de embriaguez. Para que quede claro, practicar el minimalismo espiritual no consiste en estar en contra del alcohol; se trata de estar a favor de la conciencia, y de estar dispuesto a hacer lo que sea necesario para cultivar y proteger tu conexión con la voz de tu corazón, incluida la abstinencia temporal de alcohol si es necesario.

Piensa que, si una voz interior intenta convencerte de que pasar unos meses sin beber alcohol es demasiado tiempo, o de que un poco de vino por aquí o un porro por allá no es para tanto, o cualquier otra justificación para rechazar la idea de la sobriedad, ahora tienes la prueba fehaciente de que la voz más fuerte de tu conciencia no es la voz de tu corazón, porque tu corazón jamás intentaría justificar que disminuyeras tu conexión con él mediante sustancias.

La pregunta que debes hacerte es: si esa otra voz defiende con tanto ahínco tu consumo de sustancias inhibidoras de la conciencia, ¿de qué otra forma te está influyendo para que hagas (o dejes de hacer) algo? Porque si puede convencerte con facilidad para que rechaces la idea de prescindir del alcohol, es posible que esa misma voz te esté impidiendo acceder a tu potencial en otras áreas de tu vida.

Además, vivimos en una cultura que ha normalizado el consumo habitual de alcohol, hasta el punto de que la mayoría de los adultos de nuestra sociedad son alcohólicos funcionales. Por supuesto, muy pocos alcohólicos funcionales se considerarían a sí mismos como tales. En su defensa dirían que sólo beben durante las horas libres, o los fines de semana, que sólo toman un par de copas a la semana y que pueden dejarlo cuando quieran.

Sin embargo, el alcohol está tan extendido en nuestra sociedad que a la mayoría de la gente le resultaría imposible abstenerse. Bebemos cuando celebramos una ocasión especial, y bebemos cuando ocurre algo malo. Bebemos para conectar y bebemos porque nos sentimos solos. Bebemos cuando estamos relajados, y bebemos porque estamos nerviosos. En otras palabras, siempre hay una razón socialmente aceptable para beber.

Así que, para centrarte en subir el volumen de la voz de tu corazón, te recomiendo encarecidamente que pases al menos tres meses sin consumir alcohol y, si al cabo de tres meses decides seguir bebiendo, al menos te habrás dado la oportunidad de guiarte más por el corazón. Además, puede que en el proceso te des cuenta de que no necesitas sustancias tóxicas para disfrutar de la vida, y que estar agradecido y presente, y tener un acceso claro a la voz de tu corazón, te proporciona un nivel de satisfacción más profundo que la bebida.

EJERCICIO

Si te intriga la idea de establecer una conexión más fuerte con la voz de tu corazón, empieza a abstenerte del alcohol y de las drogas recreativas durante todo el tiempo que puedas, con la intención de llegar a los tres meses. Tal vez sólo aguantes una semana antes de tomarte una copa; no pasa nada. Vuelve a empezar y a ver si puedes aguantar dos semanas la próxima vez. Sigue empezando de nuevo y ampliando el tiempo hasta que llegues a los tres meses seguidos. Tómate todo el tiempo que necesites. A la larga, estarás lo suficientemente expuesto a la voz de tu corazón como para sentirte inspirado a abstenerte durante más y más tiempo. El experimento completo puede durar un año, pero seguro que será uno de los años más transformadores de tu vida.

El minimalista espiritual siempre busca acciones y comportamientos que apoyen y afirmen la vida y que aporten múltiples beneficios positivos en diversos aspectos de ella. Hacer menos para lograr más. Si un comportamiento tiene efectos secundarios o desventajas negativas evidentes, el minimalista espiritual busca por defecto una alternativa más positiva que produzca más conciencia. El minimalista espiritual encontrará la manera de estar más conectado con su corazón siempre que tenga la voluntad para hacerlo.

QUÉ HAY EN MI MOCHILA: MIS ACCESORIOS

Mientras pones a prueba la voz de tu corazón, éste puede guiarte a hacer todo tipo de cosas extrañas y curiosas a lo largo de tu camino minimalista espiritual, como anotar una cita que te inspire, hacer una foto de un árbol con el que sientas una conexión especial, llevar un determinado accesorio que suscite comentarios de los transeúntes, tomar el camino más largo hasta tu destino o leer un libro sobre un tema que se salga de tu área de interés habitual.

Para prepararte para aprovechar los muchos impulsos y empujoncitos que te da el corazón, te recomiendo que añadas los siguientes accesorios a tu mochila espiritual minimalista: un buen bolígrafo, un efecto personal, un dispositivo para seguir tus pasos, como un reloj o un teléfono inteligente, un par de auriculares, una tableta y un cargador de reserva. Cada artículo tiene múltiples propósitos. Aquí tienes algunos detalles sobre cómo sacar el máximo partido a llevar menos cosas.

Un buen bolígrafo

Como todo sobre lo que hemos estado hablando, el medio es el mensaje. Como minimalista espiritual, quieres dejar los lugares mejor de lo que los encontraste, y a veces eso significa dejar una nota sincera de agradecimiento. Es conveniente que tu nota esté escrita con un bolígrafo de calidad que tenga una punta bonita y ancha. Si ves algunos vídeos de caligrafía en YouTube, podrás mejorar tu caligrafía de forma impresionante, lo que añadirá un toque especial a tu nota de agradecimiento. También puedes utilizar el bolígrafo para escribir un diario, firmar recibos, escribir indicaciones o tomar notas.

Collar mala

Desde que me convertí en profesor de meditación en 2007, llevo un collar mala de ciento ocho cuentas, que es uno de los indicadores universales de que hago algo relacionado con la espiritualidad. El tipo de cuentas y la forma de llevarlas distingue de qué tradición espiritual formas parte. Mi collar se ha convertido en uno de los accesorios que llevo para adornar mi atuendo habitual de profesor: camiseta y pantalones chinos. Si te pones un collar mala, de repente tienes un aspecto de distinción espiritual. El mío es muy especial para mí porque lo he hecho a mano, pero no hace falta que te hagas con un collar mala para adornar tu armario cápsula. Tal vez haya

otro accesorio decorativo que resuene contigo: una pulsera, un tipo concreto de sombrero, un amuleto, un pin, un pañuelo. Sea lo que sea, debe ser sencillo y lo bastante ligero como para llevarlo encima, elegante pero no recargado, y ofrecer una forma única de vestir tu armario cápsula (*véase* mi armario cápsula en el principio 7).

Un reloj inteligente

Durante años llevé un Rolex. Fue un regalo de mi hermano que apreciaba mucho, pero no tenía tanta utilidad como yo deseaba cuando me convertí en nómada. Así que se lo volví a regalar antes de vender todas mis cosas, y lo sustituí por un reloj inteligente. Una de las ventajas inesperadas del reloj inteligente fue que podía utilizarlo para llevar la cuenta de mis pasos con facilidad. Como se suele decir, lo que se mide, se puede mejorar, así que empecé a fijarme en cuántos pasos daba a diario, algo a lo que nunca había prestado atención. Luego empecé a ver si podía aumentar el número de pasos. Finalmente, me propuse dar diez mil pasos al día. Como leerás en el principio 5, el minimalista espiritual practica el *flaneurismo* (disfrutar del arte de caminar sin rumbo). Aunque no es necesario medir cuántos pasos das al día, ni utilizar un reloj inteligente para registrarlos (la mayoría de los teléfonos inteligentes vienen con aplicaciones de seguimiento de pasos), sigue siendo divertido comparar el recuento de hoy con el de ayer. Además, el reloj inteligente adecuado puede tener el doble propósito de darle un toque de elegancia a tu sencillo vestuario.

Un teléfono inteligente

Claro que necesitarás algo con lo que hacer llamadas, pero también necesitarás un dispositivo para escuchar audiolibros y pódcast y para leer libros electrónicos (la forma principal en que los minimalistas espirituales consumen libros y otros medios de comunicación eléctricos). La mayoría de la gente tiene teléfonos inteligentes, pero tú necesitas un teléfono que también te permita hacer fotos y vídeos. Querrás una cámara fiable porque el minimalista espiritual también es documentalista, periodista y creador de contenidos. Para ello, necesitas un teléfono para documentar tu viaje, ya que el álbum de la cámara se ha convertido en nuestro diario moderno. Además, siempre que alguien te entregue una tarjeta de visita o un recibo importante, le harás una foto en lugar de meterlo en la cartera o el bolso.

Auriculares

Hazte con un par de auriculares que puedas utilizar para múltiples cosas: para escuchar audiolibros y pódcast y, obviamente, para hablar por teléfono en privado. A nadie le gusta la persona molesta que habla por el altavoz del teléfono en público. Ése no es un comportamiento minimalista espiritual, así que nunca lo hagas cuando haya otras personas cerca, al menos no si quieres ser bien recibido en ese espacio. También puedes utilizar los auriculares para evitar mantener conversaciones con otras personas, algo que yo hago todo el tiempo. A veces me dejo los auriculares puestos mientras paseo, y si quiero entablar conversación con alguien que conozco, me los quito, pero si no estoy de humor para entablar conversación (por el motivo que sea), hago además de que estoy ocupado y me mantengo en movimiento. Es una forma sencilla de proteger tu espacio mientras permites que la otra persona guarde las apariencias.

Una tableta

Me deshice de mi portátil hace varios años, y ahora sólo uso una tableta electrónica con un teclado flotante. De hecho, escribí este libro y el anterior en mi tableta, y mantengo mis diversos sitios web, edito vídeos y hago prácticamente cualquier otra cosa que necesite hacer desde ella. Si sólo utilizas tu dispositivo para navegar por Internet, enviar correos electrónicos o hacer alguna edición sencilla de fotos o vídeos, deberías considerar la posibilidad de aligerar tu carga sustituyendo tu portátil por una tableta. Además, las tabletas de hoy en día tienen teclados de calidad de ordenador portátil, y cuando añades la pantalla táctil, le da mucha más utilidad que cargar con la especie de ladrillo que es un ordenador portátil sin más razón que creer que te conviene más. La mayoría de los fabricantes de tabletas te dejarán probarla durante dos semanas. Te aconsejo que aceptes su oferta y experimentes utilizando sólo la tableta durante ese tiempo. Puede que te sorprenda lo eficiente que puede llegar a ser.

Un cargador de repuesto

Cuando el minimalista espiritual viaja, está preparado para adaptarse a los cambios, como por ejemplo el cambio inesperado de no tener una toma de corriente que funcione para cargar tus dispositivos. Hoy en día, muchas maletas de mano vienen con aparatosos puertos de carga integrados en su interior. Te recomiendo que prescindas de ellos y te hagas con un cargador portátil. Es mucho más pequeño y móvil, y puedes renovarlo fácilmente sin necesidad de cambiar toda tu maleta.

aproveché la oportunidad.
Era el primero de la lista.
El tiempo senté y observé
mientras cientos juntaban
y se registraban.
No estaba preparado para ir
a Francia.

Está casado con una mujer francesa.
Enseña inglés a agentes de policía,
habla rápido, toma respiraciones
cortas antes de cada frase resumen,
hace que le escuche un poco
Al parecer, también perdió el
avión, y como voluntario al menos
hasta el jueves. <sin duda tiene que
volver a París>.
Desayuno, menciona muchas
impresionantes sobre
su pasado

PRINCIPIO 3:

No a los momentos descartables

«Todas las personas que conoces tienen un regalo divino para
ti. Tu trabajo consiste en descubrir cuál es ese regalo».

– *The Spiritual Minimalist*

ENCUENTROS FORTUITOS

«Es la mejor clase de yoga a la que he ido nunca, y tienes que venir
a hacerla conmigo», me decía entusiasmada mi novia April. Corría
el año 1998, mucho antes de que cualquiera impartiera clases de
yoga. Vivíamos en Nueva York; yo en el Upper West Side y ella en el
Upper East Side de Manhattan. En medio de los dos estaba Central
Park, y aquella increíble clase suya empezaba en plena hora punta
de un día laborable.

Aunque era practicante habitual de yoga, la idea de aventurarme
a cruzar el parque y el Upper East Side para asistir a aquella clase me
parecía una pérdida de tiempo suprema. En primer lugar, disfrutaba
con mis propios profesores. En segundo lugar, el trayecto de oeste a
este me iba a llevar el triple de tiempo que ir en la otra dirección. Así
que me resistí, lo pospuse y seguí inventando excusas. Pero ella siguió
insistiendo, y un día cedí y le dije que iba a ir a su (estúpida) clase.

Cuando llegué a la clase con cinco minutos de retraso, todas las
luces estaban apagadas y la sala estaba completamente abarrotada,

salvo por una esterilla de yoga vacía en medio de un mar de siluetas de yoguis que respiraban profundamente. Me dirigí a mi esterilla y me coloqué en posición de perro boca abajo, sintiendo algo familiar en la experiencia, aunque no podía determinar de qué se trataba.

Cuando mis ojos se adaptaron a la oscuridad, el profesor me guio para que sincronizara mi respiración con la del resto de la clase. Tenía acento y supuse que era australiano o inglés.

—Inspirad, espirad; uno –indicó pausadamente.

Me di cuenta de que su voz pausada e hipnótica tenía un ligero ceceo.

—Inspirad, espirad; dos.

Mis hombros empezaban a cansarse.

—Inspirad, espirad; tres.

Sentía cómo se me formaban gotas de sudor en la frente.

—Inspirad, espirad; cuatro.

Mis codos empezaban a doblarse. «Tenemos que ir más deprisa, pensé».

—Inspirad, espirad; cinco.

«Vale, ya está. Mis brazos están a punto de ceder».

—Ahora doblad las rodillas y caminad o saltad con los pies hacia delante indicó.

Qué alivio.

La clase continuó así, llevándome a mi límite físico y mental y recuperándome más veces de las que podía contar. «Esta clase es una pasada», pensé muchas veces a lo largo de ésta. Ahora entendía por qué April deseaba tanto que viniera aquí. Después de la clase, le di las gracias al profesor, que se llamaba Will, y me marché para no volver jamás (debido simplemente a lo inoportuno de la hora y el lugar).

Cuatro años más tarde, mi corazón me empujaba a trasladarme de Nueva York a Los Ángeles y, potencialmente, a iniciar una nueva carrera como profesor de yoga. Tenía veintinueve años cuando aterricé en West Hollywood, California, con el plan de seguir una formación de profesor de yoga y empezar a buscarme la vida a partir de ahí. Pero antes de eso, necesitaba conocer el terreno, así que me dirigí a Crunch Fitness y solicité un pase gratuito para probar algunas de sus clases de yoga y hacerme una idea del estilo de yoga de la Costa Oeste. Me concedieron encantados un pase de una semana junto con un horario de clases. Eché un vistazo y vi que había una clase a las diez de la mañana siguiente, impartida por Will (sin apellido).

Una parte de mí se preguntaba si podría ser el mismo Will de Nueva York, pero ¿qué posibilidades había de que así fuera? Muy escasas. A la mañana siguiente, cuando me encontraba en la postura del perro boca abajo, oí aquel acento familiar. «Dios mío, ¡creo que es el mismo Will!». El problema era que nunca llegué a verle la cara en Nueva York porque la habitación estaba muy oscura, pero estaba casi seguro de que era él.

Después de la clase, me acerqué a Will para darle las gracias y le dije:

—Creo que ya nos conocemos. Una vez fui a tu clase en Nueva York, hace unos años.

Me interrumpió diciendo:

—Sí, me acuerdo de ti. Eres el novio de April.

—Exnovio –le corregí. Buena memoria.

—Sí, me acuerdo de ti porque estaba un poco colado por April, y me decepcioné cuando descubrí que tenía novio –dijo. Los dos nos reímos.

Will acababa de mudarse a Los Ángeles un par de meses antes que yo. Nos unió la coincidencia de que ambos habíamos roto recientemente con nuestras novias; circunstancias que, irónicamente, nos llevaron a ambos a dejar Nueva York y trasladarnos a Los Ángeles.

Will y yo empezamos a pasar mucho tiempo juntos. Teníamos muchos intereses en común: yoga, meditación, los dos asistíamos al mismo centro espiritual no confesional, a los dos nos gustaba hacer ejercicio a diario y los dos comíamos la mayoría de las veces fuera de casa. Se convirtió en mi mentor de yoga; consiguió que me aficionara a correr; quedábamos a menudo para comer, y se convirtió en mi compañero de meditación. Antes de salir a comer ir de excursión o al cine, siempre me hacía la temida pregunta: «¿Has meditado ya?». Y yo le decía la verdad: no lo había hecho.

La razón por la que temía esa pregunta era que, en aquel momento, la meditación me resultaba increíblemente difícil e insoportablemente aburrida. Al fin y al cabo, no había recibido ninguna preparación formal, así que cada vez que meditaba lo hacía al tuntún. Pero Will parecía estar muy metido en la meditación todo el tiempo. En el fondo, sabía que sería bueno para mí meditar con más regularidad, así que accedía a regañadientes a sentarme con los ojos cerrados y, básicamente, a esperar a que terminara aquella agonía.

Unos meses más tarde, Will mencionó que su profesor de meditación iba a venir a Los Ángeles desde Arizona para dar una charla a algunos de sus alumnos de yoga, y me invitó a acompañarle. Acepté de inmediato. Ni siquiera sabía que Will tuviera un profesor de meditación; eso explicaba por qué le gustaba tanto meditar. Tenía curiosidad por conocer a la persona que le había enseñado a ser un meditador tan entusiasta.

La noche llegó en febrero de 2003. Era domingo. Me senté con las piernas cruzadas en el suelo del apartamento de Will mientras los últimos en llegar se acomodaban. Entonces Will nos hizo cerrar los ojos y, uno o dos minutos después, oí una voz profunda que nos ordenaba abrirlos. En la parte delantera de la sala estaba sentado el profesor de meditación de Will: un hombre blanco, bajo, bien afeitado, con entradas, vestido con pantalones de color caqui y camisa de botones. No era el aspecto que yo esperaba de un gurú de la meditación. ¿Dónde estaba la túnica? ¿Y el collar mala? ¿Y el pelo largo y el acento? Además, no le había oído entrar en la habitación, lo cual era extraño, porque el suelo de Will crujía mucho. Era como si hubiera salido flotando de la habitación del fondo.

El profesor empezó a hablar de física cuántica y de la naturaleza de la mente, y de todas las formas en que hemos entendido la práctica de la meditación al revés: no era una práctica destinada originalmente a los monjes, explicó con detenimiento. Era para la gente normal; los «cabeza de familia», como los llamaba. Pero cuando la India fue atacada por invasores hace muchos años, los monjes se convirtieron en las «copias de seguridad» de la meditación, preservándola. Como consecuencia, su austero estilo de vida se convirtió en sinónimo de la práctica de la meditación.

Enseguida me cayó bien y la voz de mi corazón me dijo que estaba destinado a ser mi maestro.

Al salir de la sesión aquella tarde, también supe que estaba destinado a convertirme en profesor de meditación, lo cual fue una revelación que nunca habría imaginado antes de asistir a aquella sesión. El problema era que no había un camino claro para llegar a ser profesor de meditación. Mi maestro seguía haciendo referencia a su maestro indio, y yo no tenía planes de ir a la India. Así que me limité a guardar esa ambición en el fondo de mi mente y empecé a meditar con mucho más disfrute. Ahora comprendía por qué Will siempre había querido meditar. Era fantástico una vez que sabías lo que estabas haciendo (*véase* las instrucciones básicas de meditación en el apartado «Cómo meditar» del principio 1), y me encontré a mí mismo despertándome emocionado por sentarme en el sofá para mi práctica matutina.

La vida siguió así durante unos cuatro años, hasta que se presentó la oportunidad que había estado esperando:

—¿Te gustaría viajar a la India conmigo y aprender a enseñar meditación? —me preguntó mi maestro.

No era precisamente el momento ideal. Acababa de empezar a trabajar en el sector inmobiliario en Los Ángeles y, además de dar clases de yoga, gestionaba tres propiedades. Pero decidí que quizá podría hacer ambas cosas, así que aproveché la oportunidad de unirme a mi maestro y a otros protegidos suyos en la India. No tenía ni idea de que iba a perder todas mis propiedades un año más tarde (justo después de mi formación), cuando estalló la burbuja inmobiliaria, y que iba a estar a punto de declararme en quiebra.

Sin embargo, aunque me había quedado sin crédito, todo acabó saliendo bien. Resultó que fue mi incursión en el sector inmobiliario lo que desempeñó un papel crucial para que pudiera pagar mi formación como profesor de meditación en primer lugar. Para abreviar, una vez que conseguí los préstamos sin entrada para mis propiedades, empecé a recibir por correo un montón de ofertas de anticipos en efectivo. Tenía que pagar la totalidad de la matrícula del curso de formación de profesores de meditación, que ascendía a catorce mil dólares, para poder asistir. Como no disponía de tanto dinero con mi mísero sueldo de profesor de yoga, no sabía qué iba a hacer. Así que seguí haciendo planes para asistir a la formación y confié en que, de alguna manera, todo saldría bien. Efectivamente, unos días antes del plazo, recibí por correo una oferta de anticipo de catorce mil dólares.

La oferta decía que tendría dieciocho meses para devolver el préstamo sin intereses. Sabía que debía utilizarlo para pagar la matrícula. Cuando terminé mi formación y empecé a enseñar meditación unos meses más tarde, pude pagarlo. Mirando atrás, ahora atribuyo a mi atolladero inmobiliario el haberme colocado en una posición financiera que me permitió dar el siguiente paso siguiendo la voz de mi corazón.

Vayamos un paso más allá, ¿te parece? Que *tú* estés leyendo este libro se debe a que me convertí en profesor de meditación por un encuentro fortuito con el antiguo profesor de yoga de mi exnovia, a quien sólo había visto una vez en Nueva York, en una clase a la que ni siquiera quería asistir. Poco después de romper con dicha novia, lo que provocó mi traslado a Los Ángeles, me topé con ese mismo profesor de yoga, que casualmente daba clases en mi gimnasio local, del que yo no era miembro.

Luego nos hicimos amigos y, unos meses más tarde, me invitó a su apartamento para conocer a su antiguo maestro de meditación y mi futuro gurú, un hombre que se había jubilado recientemente tras más de treinta años enseñando meditación y había decidido volver a la actividad sólo para enseñar a los alumnos de Will, de los cuales yo era uno. Cuatro años más tarde (2007), estaba al borde de la quiebra tras haber perdido hasta la camisa en el sector inmobiliario y, sin embargo, me encontré volando a la India (gracias a esa misma terrible experiencia inmobiliaria) para formarme con el profesor de meditación que conocí en el apartamento del antiguo profesor de yoga de mi ex.

Hubo otros giros argumentales en la historia, pero el punto principal es éste: no hay un camino lineal hacia nuestro propósito. Todo lo que has experimentado en tu vida entrará en juego en algún momento. A medida que te armes de valor para seguir diciendo «sí» a la voz de tu corazón, cien de cada cien veces, independientemente de lo que parezca en la superficie, acabarás justo donde se supone que tienes que estar, justo cuando se supone que tienes que estar, aunque no lo parezca en ese momento. Ser un minimalista espiritual significa que concedes a la vida el beneficio de la duda, y confías en que no hay momentos descartables.

LAS PARTES BUENAS

Cuando escribas la historia de tu vida, la gente que la lea no querrá oír hablar tanto de la riqueza o la influencia que has recibido como de tus momentos difíciles y tus momentos más bajos. Querrán saber de tus crisis nerviosas, tus ataques de pánico, tus momentos de oscuridad y esa vez que tuviste que vivir en tu coche.

Querrán saber qué adversidades tuviste que superar; que relates una y otra vez tus momentos más duros y oscuros, y los saltos de fe que *tuviste* que dar para sobrevivir un día más. Ésas son las historias que perdurarán, se embellecerán y seguirán inspirando a las generaciones futuras.

La valentía que estás teniendo que encontrar ahora mismo para seguir tus sueños acabará motivando a alguien que escuche tu historia dentro de cientos de años a seguir adelante y no perder la esperanza. Pensarán: «Si tú fuiste capaz de hacerlo, sé que yo también puedo».

A veces es difícil verlo, pero las luchas actuales no son obstáculos para tu éxito, tu felicidad o el propósito de tu vida. Son fundamentales para todo aquello en lo que te estás convirtiendo y en lo que te convertirás y, en algún momento, en un futuro próximo o lejano, se hablará de ellas como «las partes buenas» de tu historia.

Uno de los rasgos de mi profesor de yoga Will, que aún no he mencionado, es lo agradecido que era siempre. Era, con diferencia, la persona más agradecida que conocía. Cuando me pasaba por su casa, a menudo me saludaba diciendo: «Dame un poco de gratitud, hermano Light». Entonces, nos turnábamos para enumerar las cosas por las que nos sentíamos agradecidos en ese momento: nuestra salud, el hermoso clima de Los Ángeles, tener alimentos nutritivos para comer, vivir en espacios hermosos, cosas sencillas como ésas.

Aprendí de Will a apreciar los momentos intermedios, que a menudo se pasan por alto, y lo que descubrí es que, si te tomas tiempo para fijarte en las cosas pequeñas y apreciarlas, cada día en la Tierra puede parecer un pequeño milagro, y cada momento contiene un regalo para ti. Puede ser el don de la vista, o el don del olfato, o el don del servicio. En otras palabras, una conversación nunca es sólo una conversación. Es una oportunidad de conectar, de aprender algo valioso de la experiencia de otra persona, o una oportunidad de ofrecer una mano amiga.

En 2020, mientras vivía en Bali, Will acabó teniendo una reacción adversa al dengue que le provocó ataques psicóticos y paranoia. Como consecuencia, se deprimió cada vez más y acabó quitándose la vida. Debido a la pandemia de COVID-19, no pude entrar en el país para ayudarle, pero recordando todas nuestras interacciones a lo largo de veinte años, son las pequeñas cosas las que recuerdo con más cariño. Todavía hoy me tomo un momento con quienquiera que esté cerca para reconocer por qué estoy agradecido. De hecho, Will fue una de mis principales inspiraciones para convertirme en nómada. Él se había hecho nómada aproximadamente un año antes que yo, después de discutir con el casero del mismo apartamento en el que aprendí a meditar.

Decir que no hay momentos descartables no significa que no ocurran cosas malas. Con el ejemplo de Will, aprendí que, aunque a menudo sucedan cosas malas, siempre hay algo bueno que surge de ellas, y siempre hay algo por lo que estar agradecido si nos sintonizamos para notarlo. Como minimalista espiritual, ahí es donde quieres poner la mayor parte de tu atención, no en lo malo, sino en aquello por lo que estás agradecido.

ACCIÓN: ADENTRARSE EN EL MOMENTO

Como minimalista espiritual, ser capaz de sentirte agradecido de la forma más genuina, especialmente cuando la vida se pone difícil, se convertirá en uno de tus activos más valiosos. Con la práctica, serás capaz de anclarte en el momento cambiando de forma intencionada tu atención hacia cualquier don o bendición que te rodee.

Cómo cultivar una actitud permanente de gratitud

Cada mañana, dedica los primeros minutos tras despertarte, mientras estás tumbado en la cama, a poner tu atención en cinco cosas por las que estés agradecido. Eso es todo. No tienes que anotar nada (a menos que quieras hacerlo). Simplemente pregúntate: ¿qué hay de bueno en este momento? Las respuestas pueden ser tan sencillas como:

1. Estoy agradecido por haberme despertado
2. Agradezco sentirme descansado.
3. Doy gracias por tener trabajo.
4. Estoy agradecido por mi fuerza.
5. Estoy agradecido por mi familia.

Luego, a lo largo del día, sobre todo si algo o alguien te perturba, sigue repitiendo ese ejercicio. Enumera otras cinco cosas sencillas por las que estés agradecido. Visualiza cada una de ellas en tu mente antes de pasar a la siguiente y notarás un impulso inmediato en tu energía, en tu capacidad para estar presente y en tu agradecimiento por ese momento.

Desde este espacio podrás obtener con mayor facilidad inspiración, conexión, soluciones creativas e incluso más gratitud por todo lo que estás experimentando, sabiendo que te conduce de forma constante a oportunidades de expansión.

Un minimalista espiritual intenta permanecer en un estado de gratitud el mayor tiempo posible. De hecho, se podría llegar a decir que el concepto de minimalismo espiritual es sinónimo de gratitud, es decir, que eres un minimalista espiritual en la medida en que pue-

Esto va a sonar increíble, pero es una muestra de mi corta vida de lo pequeño que es el mundo.

Estoy sentado en Ph Onne, y un hombre negro alto, fornido y jovial está allí hablando un inglés fluido y empieza a mirarme. «¿Cómo te llamas?», me pregunta con curiosidad. «Te he visto antes, en alguna parte». Le conté mi historia y me interrumpió: «Eres de Chicago, yo también. Te vi en el libro de Elite. Odio Elite». Al parecer, Earnest se trasladó a París hace seis años, es un fotógrafo que hace pruebas casi exclusivamente con Ph Onne y conoció a mi agente durante el verano en Chicago, donde ella rechazó sus servicios. Inmediatamente empezó a preguntarme por mi agenda de París y a ofrecerme consejos. Fue estupendo. Entonces, me dijo que se había enterado de un casting al que quería que me presentara. Se marchó y fue a la puerta de al lado, la agencia Absolut Woman's y volvió con Christian, un agente de Absolut. Christian me dijo que me enviaría al casting y se fue. Mientras esperaba, Earnest se impacientó y quiso llevarme a Absolut para que Christian le diera la contratación.

des encontrar gratitud en cualquier momento dado. Por esa razón, el minimalista espiritual desagradecido no existe.

LA PREMISA DE LA BENDICIÓN Y LA MALDICIÓN

¿Te has preguntado alguna vez si algo que estás experimentando es una bendición o una maldición? Si sólo evalúas la situación desde una perspectiva superficial de causa y efecto, puede ser difícil saberlo.

Piénsalo así: para que algo sea realmente una maldición, tendría que colocarte en una posición negativa para siempre, como ir al infierno eterno. En otras palabras, si existe el infierno eterno, no hay vuelta atrás.

Pero si no crees en el infierno eterno, eso significa que todo lo que experimentes, incluso lo que llamamos «cosas malas», debe ser de algún modo y de alguna manera una bendición (aunque a veces sea una bendición encubierta), porque como mínimo puede estar conduciendo a la expansión de tu conciencia, o al crecimiento del alma.

Supongamos que te han despedido hace poco. El hecho de que te hayan despedido sería la interpretación superficial de lo ocurrido, basada en que has perdido tu trabajo. Sin embargo, también se te ha brindado una oportunidad divina de pivotar, aprender y encontrar consuelo en lo desconocido, y con este nivel de libertad, puede que estés preparado para dar un salto de fe en la dirección de tu pasión, algo que no habrías considerado en serio cuando te encontrabas en una situación laboral más cómoda pero poco inspiradora.

¿Y si te han dejado? Podrías verlo como que te has liberado de una relación que ya no estaba al servicio de los objetivos de tu «alma» o que tú ya no estabas al servicio de los objetivos del alma de tu pareja.

¿Has perdido a un amigo íntimo o a un familiar? Por horrible que pueda parecerte, existe la posibilidad de que su alma tuviera un contrato con la tuya para ayudarte a aprender sobre la pérdida y el amor

(de nuevo, objetivos del alma) a través de la muerte, y es probable que tú le hayas ayudado de la misma manera en una vida pasada.

¿No te gusta el político que acaba de ser elegido? Él o ella es tu catalizador para informarte más, implicarte más y ser el cambio que quieres ver en tu parte del mundo.

Como ves, la próxima vez que ocurra algo «malo» y te preguntes si ha sido una bendición o una maldición, la forma espiritual minimalista de verlo es optar por verlo siempre como una bendición, y luego trabajar hacia atrás a partir de ahí para encontrar pruebas que lo confirmen.

En todo caso, puedes tener tu período de duelo, pero intenta recordar que existe un inmenso poder en aceptar por ti mismo cómo y por qué se te ha concedido esta bendición y actuar desde ese mayor sentido de propósito.

Ahora te toca a ti: toma una situación que estés viviendo actualmente y reformúlala imaginando cómo podría estar ocurriendo *por* ti en lugar de *a* ti, cómo puede ayudarte a ayudar a otra persona o cómo puede acercarte potencialmente a tu propósito.

QUÉ HAY EN MI MOCHILA: AGUA

La mayoría de la gente cree que debería beber más agua, y todos sabemos que las botellas de agua de plástico son terribles para el medio ambiente. Por tanto, quizá quieras considerar la posibilidad de añadir una botella de agua reutilizable a tu kit de minimalismo espiritual.

Si nunca has utilizado una botella de agua reutilizable, puede que estés pensando: «Unas cuantas botellas de plástico aquí y allá no hacen daño al medio ambiente». Pero ¿y si millones o miles de millones de personas pensaran lo mismo? Lo próximo que descubrirías es que en Estados Unidos se utilizan cada año suficientes botellas de agua de plástico como para rodear la Tierra ciento cincuenta veces si se colocan una al lado de la otra. Ésa es nuestra situación actual, y teniendo en cuenta que cada una tarda unos quinientos años en descomponerse, una botella de agua reutilizable es la mejor solución para mantenerse hidratado.

Para las personas relativamente sanas que no toman medicamentos para retener el agua, la cantidad recomendada de consumo diario de agua es de unos seis vasos al día, y como la mayoría de las cosas que llevo en mi mochila, estos seis vasos de agua pueden cumplir múltiples funciones.

Es el hidratante de la naturaleza

Los seres humanos somos un 75 por 100 agua, por lo que no beber suficiente agua te dejará deshidratado y seco, mientras que beber una cantidad suficiente de agua te hidrata y mantiene tu piel con un aspecto más saludable.

Puede sustituir al enjuague bucal

¿Sabías que el enjuague bucal convencional es malo para tu microbiota, y que enjuagarse la boca con agua después del cepillado resulta igual de eficaz?

Mantiene tus dientes (más) blancos

Si bebes café, té o vino, asegúrate de enjuagarte la boca con agua fresca para mantener los dientes brillantes.

Es la aspirina de la naturaleza

Si te duele la cabeza, asegúrate de que no estás deshidratado bebiendo uno o dos vasos de agua.

Te mantendrá hasta la próxima comida

Si te estás «muriendo de hambre» pero no vas a comer en un rato, bebe un vaso de agua y podrás aguantar un poco más sin tener hambre, y cuando vuelvas a comer, el agua te ayudará a hacer la digestión y evitará el estreñimiento.

He descubierto que una buena botella de agua rellenable de setecientos mililitros es lo bastante grande para satisfacer tus necesidades diarias de agua, pero lo bastante pequeña para caber en un portavasos de tamaño medio, y que seis vasos equivalen a dos botellas de agua.

Si quieres hacerlo de forma sistemática, puedes beber una botella de agua de setecientos mililitros en la primera mitad del día y otra botella en la segunda mitad del día para cumplir la recomendación diaria de seis vasos. Por supuesto, si no estás seguro de cuál es la cantidad de agua adecuada para ti, consulta a tu médico. No obstante, cualquier médico estará de acuerdo en que deberías beber más agua que bebidas azucaradas, alcohólicas o envasadas, como la kombucha o el café helado.

PRINCIPIO 4:

Da lo que quieres recibir

«Nosotros no creamos la abundancia. La abundancia ya está ahí. Nosotros creamos el acceso o las limitaciones a ella».

— *The Spiritual Minimalist*

LA COMIDA GRATIS NO EXISTE

¿Te has preguntado alguna vez por qué la «comida de bar» de cortesía, como las nueces, las galletitas, las aceitunas y las palomitas, suele ser salada por naturaleza? Resulta que la tendencia a poner aperitivos salados a disposición de los clientes de los bares no se originó exactamente por la naturaleza altruista de sus propietarios. A finales del siglo XIX, los dueños de tabernas americanas con poca afluencia de clientes idearon una astuta estratagema para atraer a los clientes potenciales a que entraran y consumieran al menos una cerveza: anunciaban una comida «gratis», que consistía principalmente en aperitivos que inducían a la sed, como nueces saladas, galletitas, aceitunas y palomitas de maíz.

La idea era que, después de que un cliente hambriento engullera un par de puñados de frutos secos y galletas saladas gratis, estaría tan sediento que tendría que pedir una cerveza fría para acompañar la comida y, con suerte, pediría unas cuantas cervezas más mientras seguía comiendo.

Lo que los clientes no sabían era que los dueños de la taberna cobraban un sobreprecio por las mismas cervezas que podrían haber pedido en otra taberna cercana por menos dinero. Por otra parte, las tabernas de la calle de al lado no ofrecían «comida» gratis.

La estratagema funcionó a las mil maravillas, hasta que los clientes se dieron cuenta de la artimaña y empezó a correr la voz de que la oferta de comida gratis era en realidad un señuelo, ya que les cobraban más por las bebidas. Y así nació un tópico, que seguiría extendiéndose durante generaciones: «La comida *gratis* no existe».

Este dicho ha trascendido los aperitivos de bar y ahora se aplica a cualquier oferta que parezca demasiado buena para ser verdad. Desde la perspectiva del minimalismo espiritual, *nada* que tenga valor verdadero viene sin un coste directo (o indirecto). En otras palabras, recibes en proporción directa a lo que das.

DETERMINA TU PROPIO VALOR

No hay nada malo en que alguien anuncie su producto o servicio de forma gratuita, siempre que comprendas que lo gratuito no existe. A medida que lo entiendas, no sólo podrás ajustar tus expectativas en consecuencia, sino que podrás divertirte con ello. Puedes determinar tu propio valor en la fase inicial, en lugar de dejar que te asignen un valor en la fase final, porque no temes perder nada.

De hecho, ya sabes que existe un coste, y esperar obtener algo de calidad a cambio de poco o nada no sólo es ingenuo, sino también ilusorio. No importa lo que la oferta parezca a primera vista: *la comida gratis no existe*.

Como minimalista espiritual, te conviene entablar todas las relaciones con plena conciencia de que siempre existe un intercambio, sea obvio o no, y si no puedes ver o comprender con claridad ese intercambio, estarás encantado de crear uno para ti. No tiene por qué ser dinero, puede ser tu atención, reconocimiento o gratitud. También podrías hacer una buena acción para que fuera un intercambio kármico.

Lo importante es pensar en términos de intercambio, y recordar que lo gratis suele salir caro (en forma de una conversación que no quieres tener, un favor que no vas a querer devolver, un argumento de venta que no te interesa, un tiempo que no estabas dispuesto a dedicar, o una cantidad de dinero que te parece excesiva para lo que te hayan ofrecido a cambio).

Como minimalista espiritual, es preferible hacer intercambios limpios y claros, lo que significa conocer las preguntas correctas que hay que hacer al principio, no de forma escéptica o cínica, sino desde la curiosidad y el entusiasmo. Por ejemplo, si alguien te ofrece un lugar donde pasar el fin de semana, puede haber una expectativa tácita de que le ayudes a limpiar, cocinar o hacer recados mientras estés allí, o puede que se espere de ti que seas excesivamente amable y agradecido, o que mantengas largas conversaciones con tu anfitrión sobre sus problemas sentimentales. *Siempre se produce un intercambio.* Cuando entiendas de qué se trata, puede que decidas que en realidad resulta más barato pagar una habitación de hotel, dependiendo de la cantidad de trabajo que tengas que hacer o de lo mucho que valores tu intimidad.

Si esperas a resolver el intercambio al final, por deseo del propietario o del amigo que te ofrece un lugar donde dormir, podrías encontrarte en una situación delicada en la que estés dando mucho más de lo que recibes a cambio (como pagar de más por una cerveza para ayudar, o quedarte despierto hasta altas horas de la madrugada dando consejos gratuitos que lo más probable es que tu amigo ignore).

También podrías estar comprometiendo tu tranquilidad con estas conversaciones sin sentido que, a su vez, te hacen perder horas de sueño. ¿Y cuál es el coste de estar cansado al día siguiente porque no dormiste bien la noche anterior, después de ponerte en una situación en la que supuestamente te ahorraste cincuenta dólares al no tener que conseguir una habitación de hotel, pero estuviste despierto toda la noche dando consejos que probablemente serán ignorados? ¿Realmente te ahorraste cincuenta dólares o acabas de pagar quinientos por la toma de decisiones erróneas y de mala calidad cuyas consecuencias probablemente sufrirás al día siguiente debido al sueño perdido?

Conozco a un amigo de un amigo que siempre está intentando ahorrar dinero en vuelos. En lugar de pagar ochenta dólares más por un vuelo directo de dos horas, opta por un vuelo con escala de diez horas al mismo destino pensando que está ahorrando dinero, pero sin darse cuenta de que va a gastar más en tiempo perdido sentado en el aeropuerto durante horas esperando el vuelo de enlace, mientras consume comida cara, pero de baja calidad, bebe agua cara y es improductivo. Además, si ha reservado un vuelo nocturno, pierde esencialmente una noche de sueño por ahorrar dinero, lo que significa que todas las decisiones que tome en esos próximos días privados de sueño se verán comprometidas.

Una gran parte de la práctica del minimalismo espiritual consiste en aprender a reconocer el valor de cómo estás empleando tu tiempo, para asegurarte de que se alinea con tus prioridades generales, y no estamos hablando sólo de costes físicos, sino también de costes energéticos y kármicos. Coger un vuelo nocturno tiene un coste elevado (además del coste publicitado). Ser ahorrativo en lugar de invertir en calidad o funcionalidad tiene un coste. Existe incluso un coste por no decir tu verdad, un coste por no hacer ejercicio y un coste por tomar un supuesto atajo. Romper una promesa tiene un coste elevado, así como no seguir un hábito (el coste de volver a empezar), ser tacaño y cotillear. Todo tiene un coste.

Por tanto, es ventajoso comprender cuáles son esos costes o, cuando sea posible, negociarlos por adelantado sugiriendo tu pago de forma preventiva.

Este concepto del intercambio desempeñará un papel clave en tu camino como minimalista espiritual, y comprenderlo se concretará de varias maneras. Te inspirará a liderar con generosidad, a plantear preguntas diferentes y a considerar todas las partes para asegurarte de que cualquier intercambio te parece beneficioso para todos. Si alguien siente que está perdiendo, eso tendrá un coste a largo plazo. Así que tienes que asegurarte de que el intercambio sea beneficioso para ambas partes.

Otra cosa a tener en cuenta es que, como minimalista espiritual, nunca estás haciendo un intercambio con un individuo; tu cuenta la gestiona, en última instancia, «el universo». Aunque un individuo o una organización sea a veces el beneficiario de tu intercambio, *tú* eres el beneficiario real. Cuando tomas suficiente perspectiva, el minimalista espiritual comprende que sólo te estás devolviendo cosas a ti mismo, así que ser tacaño con alguien es, en realidad, ser tacaño contigo mismo y defraudar a alguien es, en realidad, defraudarte a ti mismo. En otras palabras, *nunca* dejas de participar en un intercambio. Toda relación es, en definitiva, un intercambio entre tú y tú. Dado que, como minimalista espiritual, empezarás a comprender esto mejor que la mayoría, evitarás la innecesaria y costosa trampa de la comida gratis.

LA ESENCIA DE LA DISCIPLINA

Así es como yo defino la disciplina: es emprender acciones a corto plazo para obtener los resultados que deseas a largo plazo. Como sabe cualquiera que haya intentado ser disciplinado, rara vez te vas a sentir inspirado a serlo, porque la disciplina supone una gratificación tardía. Pocas personas tienen el autocontrol para retrasar la gratificación, incluidos los minimalistas espirituales, pero lo que sí tiene el minimalista espiritual es la capacidad y la voluntad de ver la verdad de la situación y adoptar las medidas necesarias.

He aquí un ejemplo para aclarar lo que quiero decir. Cuando estaba escribiendo mi primer libro, un libro autopublicado llamado *The Inner Gym,* quería que saliera a la luz en una fecha determinada. Sin embargo, llevaba casi cuatro años demorándolo, así que no había nada en mi historial que indicara que fuera a terminarlo para la fecha que tenía en mente. Llegué a un punto en que me cansé de mentirme a mí mismo sobre cuándo iba a terminar de escribir el libro. En el fondo, sabía que se me ocurriría otra excusa muy importante para no poder terminarlo en esa fecha, y elegiría otra fecha, y luego otra, y seguiría aplazándolo una y otra vez.

Así que un día, harto de mis propias mentiras, decidí extender un cheque por valor de cuatro mil dólares, que era una cantidad que tenía en el banco pero que no podía permitirme perder. Le extendí el cheque a un amigo que no necesitaba el dinero, y formalicé un contrato entre los dos en el que decía que, si no terminaba mi manuscrito en una fecha determinada, él estaba obligado a cobrar el cheque y a utilizar el dinero para cualquier cosa que no me implicara. Ambos firmamos el contrato.

Después de eso, no tuve problemas para terminar mi manuscrito; ni siquiera necesité disciplina. Me tomé el tiempo necesario e incluso lo terminé con una semana de antelación por si surgía algún imprevisto y no arriesgarme a perder el dinero. Fue entonces cuando descubrí el secreto de la disciplina: nunca se trata de disciplina, sino de honestidad. Me volví honesto poniendo en juego algo que era importante para mí. En cuanto lo hice, encontré la disciplina. Dicho de otro modo, sólo eres disciplinado en la medida en que te dices a ti mismo la verdad.

Como minimalista espiritual, si eres capaz de reconocer que no vas a levantarte a las seis cada mañana para trabajar en tu gran proyecto, por muy buenas que sean tus intenciones, porque nunca lo has hecho con constancia, tal vez necesites poner algo de dinero en juego, o establecer un contrato entre tú y otra persona para que te haga responsable; lo que más te motive a ser honesto contigo mismo sobre lo que quieres hacer.

Si mantienes una conversación real contigo mismo y pones de verdad en juego algo en lo que no puedes echarte atrás ni permitirte perder, te garantizo que la disciplina que persigues ni siquiera será necesaria y aprenderás lo que hace falta para cumplir de verdad tu palabra.

Lo mejor es que una vez que pongas en práctica esta estrategia con una cosa, puedes utilizarla con confianza para cualquier aspecto que sientas necesario cambiar en tu vida y, como minimalista espiritual, demostrarás que el cambio es realmente posible.

ACCIÓN: NO DEJAR BASURA

Escuché una entrevista al entrenador de fútbol de la Universidad de Clemson, Dabo Swinney, que hablaba de que una de las normas de su equipo de fútbol era no dejar basura. Cada vestuario del que salieran debía quedar literalmente impecable. No debían dejar basura en el autobús para que el conductor la limpiara y, después de salir del cine los viernes, debían dejarlo más limpio de lo que estaba cuando llegaron.

El entrenador Swinney dijo que uno de sus momentos de mayor orgullo como entrenador fue cuando recibió una carta de la Universidad de Notre Dame tras un partido que Clemson perdió tras una doble prórroga. La carta decía que Notre Dame nunca había conseguido que un equipo visitante dejara los vestuarios tan limpios. El entrenador Swinney estaba orgulloso, porque incluso después de una derrota devastadora, su equipo mantuvo el nivel que habían acordado al principio del año, dejando el vestuario mejor de lo que lo encontraron. Si quieres excelencia, debes ofrecer excelencia, incluso cuando no te apetezca; *especialmente* cuando no te apetezca.

Para materializar este principio de dar lo que quieres recibir, tu práctica de minimalismo espiritual consiste en dejar todos los espacios mejor de lo que los encontraste, incluso cuando no estés de humor o te resulte inconveniente hacerlo. Esto significa que cuando vayas a un baño público, cuando vayas al cine, cuando viajes en Uber o cuando visites la casa de alguien, recojas lo que ensucies, limpies la basura que hayan dejado los demás y dejes el espacio bonito. En otras palabras, trata cada espacio como si fuera tuyo, como si tu héroe personal fuera a utilizarlo justo después de ti. No importa cómo los demás traten el espacio; tal vez nadie haya predicado con el ejemplo, y ahora es tu oportunidad de demostrar qué se siente cuando alguien se preocupa lo suficiente como para tratar un espacio común de una forma poco común. Además, nunca se sabe quién está prestando atención.

UNA CURA PARA LA SOLEDAD

Según mi experiencia, cuando dejas de beber, al final pierdes el deseo de estar cerca de gente que bebe mucho. Sin embargo, gran parte de nuestra socialización como adultos gira en torno al consumo de alcohol, lo que significó que, durante mucho tiempo, en realidad no salía.

No diría que era una persona solitaria, pero sin duda me sentía solo y estaba soltero. Así que, en 2014, decidí crear lo que sentía que hacía falta: un evento social sin alcohol que girara en torno a la inspiración.

Empecé preguntándome: ¿qué me gusta? Me gusta la música, me gustan las charlas TED, me gusta la comedia y me gusta la filantropía. Así que combiné todos esos elementos en un acto social de noventa minutos. Alquilé un estudio de danza en el oeste de Los Ángeles por cincuenta dólares y llamé a mi evento The Shine (El resplandor).

Envié un correo electrónico a algunos de mis amigos y acabamos reuniendo a unas diez o doce personas en el primer evento. Seguí organizándolos una vez a la semana, pagándolo de mi bolsillo. Luego empezamos a recoger donativos al final y a donar todo el dinero a organizaciones benéficas.

Cuando nos dimos cuenta, ya eran cien, doscientas y trescientas las personas que acudían a estos eventos. Luego se celebraron en Nueva York, y después en Londres, y se convirtió en todo un acontecimiento. El *New York Times* se hizo eco de ello, junto con la NBC, la ABC y otros grandes medios de comunicación.

Lo cubrieron porque era un acto sin alcohol para adultos un sábado por la noche, y no había nada parecido en ese momento. Toda la difusión que obtuvimos surgió de forma natural. No teníamos relaciones públicas, todo fue resultado de la coherencia y el boca a boca.

Acabé creando lo que sentía que hacía falta. Nunca gané un céntimo directamente con ello, aunque conseguí mi primer contrato para un libro después de que apareciera en el *Times*. Pero The Shine estuvo totalmente gestionado por voluntarios durante los cinco años que existió.

Aparte de mi trabajo diario como profesor de meditación, The Shine me dio algo más por lo que trabajar, algo que me proporcionó un sueldo para mi alma, porque reunió a gente en torno a la inspiración y creó un montón de recuerdos increíbles en el proceso. Incluso conocí a mi novia a través de él. Ella se sintió inspirada para hacerse voluntaria, y conectamos de esa manera, así que acabé consiguiendo

todo lo que quería cuando me sentía solo, centrándome no en lo que me faltaba, sino en lo que podía aportar.

Mi consejo para ti, como minimalista espiritual practicante, es el siguiente: si sientes que te falta algo, céntrate en cómo puedes ofrecerlo. Por ejemplo, si no te sientes conectado con las personas o los acontecimientos que te rodean, crea el acontecimiento al que fantaseas asistir. Te garantizo que, si lo creas desde el lugar adecuado y todo es auténtico, acudirán a tu evento personas que comparten tus valores, y crearás una comunidad en torno a él.

Crear comunidad es una de las mejores formas de erradicar la soledad. La desplazas centrándote en ofrecer, y no tiene por qué ser un evento elaborado. Podría ser simplemente un grupo de senderismo, o una noche de juegos, o una noche de cena si te gusta preparar comida casera; a todo el mundo le gusta la comida casera. Así que invita a algunos de tus amigos a que vengan y disfruten de tu comida.

Yo también solía hacerlo. Organizaba una pequeña reunión llamada La mesa de la comunidad, en la que, todos los lunes por la noche, invitaba a seis personas a venir a mi apartamento y disfrutar de una comida de tres platos preparada por mí o por un amigo; era maravilloso. Esta iniciativa duró aproximadamente un año y medio, en el que conocí a docenas de personas fascinantes en torno a comidas deliciosas y creé muchos recuerdos duraderos. Antes de eso, organizaba una cena y noche de juegos todos los jueves en el apartamento de West Hollywood donde empecé a enseñar meditación. Encuentra tu versión de ello. Como minimalista espiritual, no esperes a que la gente te invite a reuniones; acostúmbrate a crear lo que quieres ver y experimentar, y sustituirás la soledad por la inspiración.

QUÉ HAY EN MI MOCHILA: NOTAS DE AGRADECIMIENTO

Un objeto que siempre llevo en mi mochila es algún tipo de papel, ya sea en forma de cuaderno, diario u hojas sueltas de papel para notas.

¿Por qué? Porque nunca sabes cuándo te sentirás inspirado para dejar una nota de agradecimiento.

En nuestro mundo digitalizado, una de las muestras de gratitud más amables, dulces e inesperadas es dedicar tiempo a escribir a mano una nota de agradecimiento a alguien. Para ello, siempre querrás tener algo con lo que escribir y algo sobre lo que escribir. Hay muchas razones por las que siempre debes tener algo físico sobre lo que escribir. He aquí los múltiples usos de tu bloc de notas.

Notas de agradecimiento

Hazte con un bloc de notas con páginas que puedas arrancar con relativa facilidad. Cuanto más limpio sea el borde, mejor, ya que refleja tu pulcritud como minimalista espiritual. Deberías tener un bolígrafo o un portaminas para tomar notas. Sería ideal si pudieras estudiar caligrafía; como mínimo, practica para que tus notas sean legibles. Dejar una nota sólo tiene valor si se puede leer (e incluso compartir) con facilidad. A mí me gusta hacer una foto de mis notas para dejar constancia de lo que he escrito por si quiero consultarlo más adelante. Nunca se sabe dónde acabarán esas notas, quizá en un museo dentro de doscientos años.

Diario

Si aspiras a escribir o a registrar tu historia personal, un diario es un recurso inestimable. No he sido tan constante con mi diario como me gustaría, pero cuando lo he hecho, nunca me he arrepentido, y disfruto mucho volviendo atrás y reflexionando sobre mis experiencias pasadas, sobre todo cuando me dispongo a escribir sobre ellas. Por supuesto, puedes escribir tu diario en tu dispositivo, pero escribir a mano tus pensamientos también tiene cabida. En realidad, es sólo una cuestión de preferencia personal. Si el espacio es un problema, después de completar un diario, te sugiero que hagas una foto de cada página y lo deseches antes de empezar el siguiente.

Papiroflexia

¿Has aprendido nociones básicas de papiroflexia? Si no es así, deberías. Yo aprendí a doblar papel en forma de grulla, y ahora puedo dejar una grulla de papel como pequeña muestra de agradecimiento a quien quiera. Evidentemente, existe un pequeño proceso de aprendizaje, pero una vez que memorices la secuencia de pliegues, te resultará muy meditativo, y el efecto que produce supera con creces el esfuerzo que supone aprender y los pocos minutos que se tarda en hacer una.

Bloc de notas

¿Cuántas veces oímos nombres difíciles de pronunciar? Escribirlos fonéticamente es una forma excelente de recordarlos. Como nos recuerda Dale Canergie en su biblia del comportamiento humano, *Cómo ganar amigos e influir sobre las personas,* el sonido más dulce de cualquier idioma es el sonido del nombre de una persona (pronunciado correctamente). Tu práctico bloc de notas garantizará que seas la única persona que conozca a alguien con un nombre complicado y realmente lo recuerde, porque te tomaste el tiempo y el cuidado de escribirlo y estudiarlo. Hacer esto te sitúa en el 1 por 100 de las personas.

Ligar

Mi amigo Will solía llamar «bumeranes» a sus notas de flirteo escritas a mano. Funciona así: escribes tu mensaje, por ejemplo, «Hola, me encanta tu estilo y no estoy seguro de si estás disponible, pero si es así, me encantaría quedar contigo para tomar un café alguna vez. Mi número es xxx-xxxx. – Will (el chico guapo de Heart Café)». Luego la doblas y se la entregas a la persona que tiene tu atención y sigues a lo tuyo. Normalmente, si la persona está realmente interesada y disponible, responderá, ya sea aceptando tu invitación por mensaje de texto o declinándola con educación si no está disponible. En cualquier caso, como te has esforzado un poco en tu presentación, normalmente recibirás un mensaje de vuelta; de ahí lo de «búmeran».

PRINCIPIO 5:

Sigue a la curiosidad

«No te preocupes por encontrar tu propósito. Sólo sigue a tu curiosidad y tu propósito te encontrará».

— *The Spiritual Minimalist*

CUANDO SE PLANTA UNA SEMILLA

Cuando me hice nómada en 2018, en realidad no era la primera vez que hacía algo así; era la tercera. La primera vez que fui nómada fue después de la universidad. Conseguí un trabajo en una agencia de publicidad de Chicago. Al cabo de unos meses, decidí dejarlo y probar con los desfiles de moda. Había participado en algunos desfiles de poca monta en la universidad; en uno de ellos, oí por casualidad a un par de chicos que hablaban de cómo South Beach, Florida, se estaba convirtiendo en escena emergente de la moda, y en mi corazón se plantó la semilla de trasladarme algún día al sur de Florida y ser modelo.

Informé a mi director creativo de que iba a dejar la agencia y no estaba seguro de cuál sería mi siguiente paso, aunque en el fondo la voz de mi corazón me empujaba a darle una oportunidad a la moda. Mi director creativo me deseó lo mejor, y pasé las siguientes semanas buscando representación en agencias de modelos de Chicago.

Me hice unas fotos con un fotógrafo amigo mío y las presenté a algunas convocatorias abiertas, pero todos los agentes me rechazaron. Una semana más tarde, en una cafetería, entablé conversación con una fotógrafa de moda local y le conté que todas las agencias me habían rechazado. Me pidió ver mis fotos y, después de enseñárselas, me explicó que eran demasiado artísticas, que lo que realmente necesitaba eran fotos de moda, así que se ofreció a hacerme algunas. Acepté y volví a ir a todas las agencias con mis nuevas fotos. Me volvieron a rechazar todas, excepto la última agencia que visité. La agente, Amy, aceptó representarme.

Aunque estaba encantado, en mi primer día en la agencia informé a Amy de que pensaba ir a South Beach, y ella me sugirió que me quedara en Chicago durante el verano para hacerme más fotos, a lo que accedí. Un día de julio recibí una llamada de Amy pidiéndome que fuera a reunirme con un agente de modelos parisino llamado Paul, que estaba en la ciudad y venía de la agencia más importante de París, PH One.

Llegué y, tras esperar un poco, pude reunirme con Paul. Hablaba con marcado acento francés y me saludó cordialmente, pronunciando su nombre como «Pul». Le entregué a Pul mi carpeta y me quedé mirándole mientras él pasaba las páginas, estudiando mis fotos. Finalmente, me lo devolvió y dijo:

—Te iría bien en París.

Aquello me alegró muchísimo. Tras haber sido rechazado dos veces por todas las agencias de Chicago, ahora por fin me validaba uno de los mejores agentes de uno de los mayores mercados de la moda del mundo. Así que cuando Pul dijo que me iría bien en París, lo que le oí decir fue: «Deberías venir a París; serás una estrella».

De lo que no me di cuenta en aquel momento (porque aún no tenía suficiente experiencia en el sector) era de que si Pul realmente pensaba que me iría bien en París, se habría ofrecido a representarme en el acto, posiblemente incluso me habría ofrecido volar hasta allí y alojarme en un apartamento para modelos; pero no fue así. Me reuní con él un par de minutos, y eso fue todo. «Te iría bien» era un

cumplido que probablemente había hecho a todos los modelos que se reunieron con él aquel día, sólo para ser cordial.

Pero ahora la idea de ir a París estaba plantada en mi corazón, junto con South Beach. Pensé que primero iría a Florida y luego viajaría para ver a Pul y unirme a su agencia parisina. Estaba todo planeado.

Ese octubre, me fui de Chicago a South Beach, y allí me rechazaron todas las agencias, excepto la última. Conseguí más fotos para mi álbum y tres o cuatro trabajos en seis meses. Después de South Beach, viajé a Nueva York para encontrar representación y me rechazaron todas las agencias importantes de allí, así que volví a Chicago. Decidí que, como no me iba bien en Estados Unidos, quizá había llegado el momento de ir a ver a Pul a París. En aquel momento estaba tan acostumbrado al rechazo que pensé que no tenía nada que perder.

Con lo que me quedaba de dinero, reservé un vuelo de ida de Chicago a París, con conexión a través de Newark. Cuando llegué a la puerta de embarque, el agente me anunció que el vuelo a París tenía *overbooking*. Como Pul no tenía ni idea de que iba a ir, decidí renunciar a mi asiento a cambio del vale de quinientos dólares que ofrecían a los voluntarios, y me volvieron a reservar un vuelo para la tarde siguiente.

Me presenté al día siguiente y me encontré con la misma canción: un vuelo con *overbooking*. Necesitaban voluntarios que cedieran su asiento, así que cedí el mío y me concedieron otro vale de quinientos dólares. Pensé que, si lo de ser modelo no funcionaba, podría ganarme la vida con esto.

Volví al vuelo siguiente, y una vez más sucedió lo mismo. Renuncié a mi asiento, pero al final quedó una plaza libre en el vuelo. Así que casi sin darme cuenta, estaba de camino a París con dinero más que suficiente en vales para reservar un vuelo de vuelta en caso de que las cosas no funcionaran con Pul.

Cuando llegué a la mañana siguiente, fui a registrarme en un hostal, pero sólo eran las nueve de la mañana, y el registro no era hasta las tres de la tarde, así que me llevé mis pertenencias a PH One, la agencia de Pul.

Para mi decepción, me informaron de que Pul no estaba en la ciudad, pero la recepcionista pidió ver mi carpeta. Desapareció por la parte de atrás y no tardó ni un minuto en volver para decirme que ya tenían un modelo que se parecía a mí, y que debía ir a otras agencias. Rechazado, pero no abatido, me senté en el vestíbulo y empecé a examinar una lista de agencias locales para ver cuál era la siguiente que quería que me rechazara.

Mientras tanto, un hombre negro, alto y corpulento, estaba al otro lado del vestíbulo hablando en francés con dos modelos. De vez en cuando miraba en mi dirección. No sabía por qué me miraba, pero esperaba que no se acercara y empezara a hablarme en francés, porque hacía tiempo que había olvidado las pocas frases que había memorizado en clase de francés en la universidad.

Cuando se acercó, para mi sorpresa me saludó en un perfecto inglés americano.

—Hola, ¿eres de Chicago? –me preguntó.

—Bueno, no soy de allí, pero estaba viviendo allí.

—Yo soy de Chicago y soy fotógrafo. Recuerdo haber visto tu ficha en una de las agencias, y nunca olvido una cara.

—¿De verdad? Vaya, ¡qué casualidad!

—Me llamo Ernest –dijo tendiéndome la mano.

—Encantado de conocerte, Ernest.

—¿Qué ha pasado aquí? ¿Te han fichado?

—No, me han dicho que ya tienen a alguien que se parece a mí, y que pruebe en otras agencias.

—Umm, vale. Quiero que vengas conmigo.

—Claro.

Ernest me sacó del vestíbulo. Caminamos por un pasillo hasta el despacho contiguo, que tenía un cartel que decía «Crystal». Supuse que era otra agencia de modelos. Cuando entramos, vi a una joven modelo de pie, de espaldas a la puerta. Se volvió, se fijó en mí y me llamó por mi nombre.

—Dios mío, ¿qué haces aquí?

—¡Acabo de llegar a París! ¿Qué haces *tú* aquí?

—Llevo un año trabajando aquí de modelo –dijo.

Se llamaba Lauriel y había participado conmigo en aquel desfile de moda de pacotilla en la universidad, cuando oí hablar por primera vez del mundo de la moda en South Beach; y ahora estábamos en París. Estaba con Jeffery, un amigo suyo franco-americano. Cuando se enteraron de que no tenía dónde quedarme, Jeffery me dijo que su madre acababa de dejar la ciudad por unos meses para visitar a su hermana y me ofreció su apartamento por muy poco dinero. Estaba situado en el distrito 18, uno de los más encantadores de todo París, frente a la histórica iglesia del Sagrado Corazón. Además, el amigo de Ernest, que era agente en Crystal, se ofreció a enviarme a *castings* de modelos.

Así que, tras dos vuelos retrasados, un registro chapucero en un hostal y un rechazo de la agencia de Pul, acabé teniendo todo lo que necesitaba al cabo de un par de horas de aterrizar en París; todo por seguir mi curiosidad.

Me quedé en París unos seis meses conectando con un maravilloso grupo de amigos, y finalmente me contrató una de las mejores agencias de allí. Más tarde, conocí al principal representante de Nueva York mientras estaba en París, y me llevó allí para que empezara a trabajar como modelo. Aunque mi carrera de modelo no empezó de la forma tradicional, seguí mi curiosidad. Acabé trabajando con representantes y viviendo aventuras más increíbles de lo que yo mismo me había imaginado, y Nueva York resultó ser el lugar donde me inicié en la meditación.

La moraleja de esta historia es que, cuando se planta una semilla en tu corazón, como minimalista espiritual tienes que tomártela en serio, porque esa semilla te está señalando el siguiente paso en tu camino, y nunca tienes que saber cuál es tu propósito. Lo único que tienes que hacer es seguir tu curiosidad, y tu propósito acabará encontrándote.

UN SALTO DE FE

En 2020 empecé un pódcast que presentaba las historias de personas que habían encontrado su propósito. Tras realizar unas doscientas

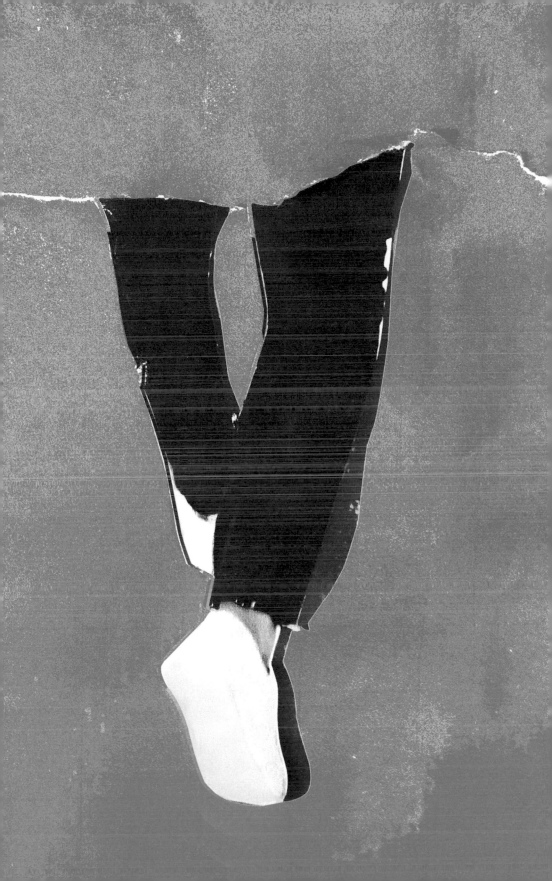

entrevistas en profundidad a personas corrientes que dieron extraordinarios saltos de fe para encontrar su propósito, esto es lo que deduje.

Hay dos factores motivadores para dar un salto de fe: el primero es el dolor. Nos encontramos en situaciones tan insoportables, tan intolerables, que la idea de permanecer en ellas ya no es una opción. Yo llamo a esto la motivación abrasadora para saltar hacia tu propósito. En otras palabras, hace demasiado calor para permanecer en el *statu quo,* y no te queda más remedio que dar el salto.

El otro enfoque es la curiosidad. Un pensamiento o una idea se instala en tu conciencia y no se va. Por mucho que intentes ignorarlo, sigue molestándote, durante el día y hasta la noche. Permanece en el fondo de tu mente; sigue apareciendo en las conversaciones; empiezas a ver menciones en películas, revistas y carteles publicitarios; se convierte en el tema de muchas de tus ensoñaciones. Al final, te lo tomas lo bastante en serio como para actuar en consecuencia y, cuanto más lo exploras, más te fascina.

Hay una tercera razón por la que algunas personas siguen su propósito: no tuvieron elección. Pero hablaremos más de este camino cuando repasemos el último principio del minimalismo espiritual, que es la libertad de no tener elección.

Cuando se trata de corrupción, se suele decir que hay que seguir el dinero, y éste te conducirá a la fuente de la corrupción. Pues bien, cuando se trata de encontrar tu propósito, como experimentaron mis invitados al pódcast, debes seguir tu curiosidad, por extraño que suene, por mucha gente que se ría de ti, o por poco cualificado que te sientas para explorar el área por la que sientes curiosidad. Sólo tienes que seguirla, y al final te conducirá a tu propósito.

Cuando fui a París, era la primera vez que daba un gran salto de fe en la dirección de mi propósito. Pero si vuelves atrás y relees esa historia, verás que había estado saltando de un lado a otro: de mi trabajo en publicidad el mundo de la moda, luego de Chicago a Miami, después a Nueva York, luego de vuelta a Chicago y a París, y finalmente de vuelta a Nueva York. Así que, en realidad, el «salto» a París que se convirtió en esta historia de asombrosa serendipia no fue más que otro salto en una serie de saltos más pequeños.

Cuando oyes hablar de alguien que ha dado un gran salto de fe, rara vez significa que recibió una oleada de inspiración y al día siguiente dejó su trabajo e hizo un cambio radical en su vida; lo más probable es que empezara con una serie de pequeños saltos.

Antes de mi aventura nómada más reciente (en la que estoy inmerso mientras escribo este libro), tenía curiosidad por ver los pocos objetos que necesitaba de verdad cuando viajaba, así que experimentaba metiendo cada vez menos cosas en la maleta cada vez que salía de la ciudad por motivos de trabajo, antes de finalmente dar el paso y deshacerme de todo. Así que, aunque parezca que cambié toda mi vida de forma radical de la noche a la mañana, la realidad es que ya había experimentado docenas de veces con lo que iba a necesitar cuando estuviera de viaje, y cómo arreglármelas con menos cosas, *antes* de lanzarme a la acción.

De hecho, cuando examinas de cerca la vida de cualquiera que haya realizado un cambio extremo, casi siempre encontrarás un rastro de pequeños saltos. Verás cómo estuvieron dándole vueltas a la idea durante un tiempo y luego la pusieron en práctica de forma sencilla y llevadera, adquiriendo confianza mientras resolvían los problemas. Después, tras mucha práctica, dieron el salto. Pero para entonces, el salto les parecía mucho menos aterrador y era más bien el siguiente paso en la evolución de su propósito.

Sean cuales sean los cambios radicales que quieras realizar ahora, empieza dando pequeños saltos. Cuando finalmente te lances a fondo, todo el mundo lo verá como un aterrador salto de fe, pero como tú has seguido tu curiosidad, lo verás como el siguiente paso en una progresión de docenas, si no cientos, de pasos, y con cada salto de fe, te acercarás cada vez más a tu propósito.

ACCIÓN: FLANEURISMO

Para los minimalistas espirituales, caminar no es sólo caminar. También puede ser un tiempo productivo para observar, para practicar *mindfulness,* para desarrollar e iterar sobre una idea, para reunirse, para tomarse un descanso, para devolver una llamada telefónica o para ponerse al día con un pódcast o audiolibro.

Si buscas una buena razón para dar un paseo, no es difícil encontrar una, o puedes simplemente caminar por caminar, lo que se conoce como el arte de caminar sin rumbo. Sí, es un arte. La primera vez que se escribió sobre el flaneurismo fue a finales del siglo XIX en París, cuando los hombres y mujeres con tiempo libre caminaban de forma intencionada a un ritmo despreocupado sin un destino específico en mente. La idea era deambular, mirar a la gente, observar el entorno, «perderse» y, en el proceso, descubrir algo nuevo e interesante sobre el entorno o sobre la relación del *flâneur* con él. En esencia, un *flâneur* sigue su curiosidad.

El flaneurismo se practicaba normalmente en solitario, ya que uno era más propenso a observar su entorno cuando no estaba distraído por un acompañante. También se practicaba sobrio, pues la inmersión total en la experiencia produce un subidón natural que uno no querría arruinar con alcohol u otras sustancias que alteren la conciencia.

Se decía que muchos de los pintores impresionistas de París eran *flâneurs*. Deambulaban por la ciudad siguiendo su curiosidad natural, se perdían, se topaban con una perspectiva impresionante de un paisaje o con una forma interesante en que la luz bailaba a lo largo de los contornos de un objeto, y lo pintaban; de ahí el término «impresionista».

El minimalista espiritual es un *flâneur* moderno que disfruta deambulando a pie, a veces con un destino claro en mente, pero a menudo por el mero hecho de mover el cuerpo, siempre dejando que la curiosidad dicte el camino.

También sabemos que el movimiento es saludable, y caminar a diario es la mejor forma de facilitar el movimiento regular. Puede que los *flâneurs* no se dieran cuenta del alcance de las ventajas que se obtienen caminando todos los días, pero he aquí cómo la medicina moderna dice que nos beneficiamos de hacer de caminar una prioridad diaria:

- Caminar previene la demencia y reduce las probabilidades de contraer la enfermedad de Alzheimer.

- Libera endorfinas, que reducen el estrés.
- Mover las piernas mejora la vista.
- El ejercicio que proporciona caminar previene las enfermedades cardíacas y reduce las probabilidades de padecer enfermedades pulmonares.
- Un paseo diario de media hora reduce el colesterol.
- Caminar mejora la digestión y regula los movimientos intestinales.
- Se ha dicho que diez mil pasos al día son tan eficaces como un entrenamiento completo.
- Caminar fortalece los músculos y reduce la inflamación de las articulaciones.
- Alivia el dolor de espalda y mejora la postura.
- Caminar mejora los síntomas de la depresión y ayuda a calmar la mente.

El minimalista espiritual camina en el mejor de los casos varios miles de pasos al día. Una milla son dos mil pasos (un kilómetro son unos mil cuatrocientos pasos), y normalmente se tarda entre veinte y veinticinco minutos en caminar una milla a paso tranquilo. Así que puedes alcanzar un objetivo de seis mil pasos en una hora de caminata diaria. Esto puede incluir los pasos que das mientras andas por tu casa.

Si tienes la opción de subir escaleras, puedes aumentar tus pasos, y puedes empezar a considerar tus recados como oportunidades para caminar más. Normalmente, nos sentimos afortunados si conseguimos una plaza de aparcamiento cerca de la entrada del lugar al que vamos, pero el minimalista espiritual se considera afortunado si aparca lo suficientemente lejos como para dar algunos pasos más.

Así que empieza a aprovechar el mejor ejercicio y el más sostenible que podemos realizar cada día, que es simplemente caminar. Conviértete en un *flâneur* moderno; no necesitas una razón para salir a pasear. Cálzate y deja que la inspiración te guíe; mira lo que puedas ver. Intenta dar al menos seis mil pasos hoy y, con el tiempo, intenta llegar a los diez mil. Puedes registrar fácilmente tus pasos con un teléfono o un reloj inteligente.

Ten cuidado: es adictivo, y una vez que adquieras el hábito de caminar, no podrás parar, ya que es la mejor forma de calmar la mente mientras ejercitas el cuerpo y te familiarizas con tu barrio. También te darás la oportunidad de seguir tu curiosidad, de forma literal.

QUÉ HAY EN MI MOCHILA: CALZADO BLANCO

El calzado imprescindible para un minimalista espiritual es una zapatilla deportiva básica blanca, preferiblemente de cuero o piel sintética. He probado varios pares a lo largo de los años, y no soy fiel a ninguna marca. Sin embargo, suelo evitar las zapatillas de lona porque, cuando se trata de cuidar lo que tienes, las zapatillas blancas de cuero son las más fáciles de mantener limpias.

Lo único que tienes que hacer es pasarles un trapo o una toallita húmeda cada dos días antes de salir a la calle, y si las cuidas bien, el blanco resalta de verdad. Es un *look* elegante que se puede combinar con facilidad, dependiendo de la ocasión.

Además, son fáciles de encontrar porque casi todos los diseñadores hacen su propia versión de unas zapatillas informales totalmente blancas. Puedes encontrarlas de caña alta, si te van más, o de caña baja (que es lo que yo prefiero).

Un par de trucos para mantener tu calzado como nuevo:

Limpieza: Limpia tus zapatillas cada pocos días. No tiene por qué ser un proceso complicado. Si tienes una toalla de mano o un trapo, sólo tienes que mojarlo en agua y frotar las zapatillas. Si vas muy justo de tiempo, puedes utilizar una toallita húmeda para limpiarlas.

Cordones: Limpia los cordones o compra un par nuevo de cordones blancos en cualquier zapatería o mercería. Cuando limpies la piel y cambies los cordones, parecerán nuevas.

Calcetines: Es importante mantener el interior de tus zapatillas lo más fresco posible. En cuanto a los calcetines, yo llevo calcetines negros invisibles, porque son más fáciles de mantener limpios y no se ven. Además, necesitas calcetines porque lo último que quieres es apestar la casa de alguien con zapatos y pies malolientes. Así que ponte calcetines *siempre*.

PRINCIPIO 6:

Encuentra comodidad en la incomodidad

«Toda persona que vive al límite de su zona de confort padece el síndrome del impostor. Si tú no padeces el síndrome del impostor, ve más allá».

— *The Spiritual Minimalist*

EL YOGUI MÁS RÍGIDO

En 2002 me mudé a Los Ángeles con la idea de enseñar el estilo de yoga que llevaba practicando varios años, el *vinyasa flow*.

El único problema era mi secreto: mis isquiotibiales eran como cables tensores, lo que limitaba mucho mi amplitud de movimiento. Era sin duda el yogui más rígido en la mayoría de las clases a las que asistía; ¿cómo iba a enseñar yoga a nadie si ni siquiera podía tocarme los dedos de los pies? Decidí pasar por alto ese defecto evidente y dar el siguiente paso con la esperanza de tal vez desarrollar la flexibilidad.

Me matriculé en una formación de doscientas horas para profesores de yoga en el estudio de yoga de mi ciudad. Cada vez que llegaba el momento de demostrar una postura rodeado de mis compañeros profesores de yoga en formación, me sentía nervioso, inseguro y

111

sudoroso. Rezaba para que el momento pasara rápido o para que mi cuerpo desafiara de algún modo las leyes de la fisiología y mi amplitud de movimiento aumentara de forma espontánea. Por supuesto, no ocurrió ni lo uno ni lo otro, pero para mi sorpresa, nadie mencionó nunca mi rigidez durante la formación.

Al graduarme, lo que me faltaba de flexibilidad lo compensaba con ganas. Estaba dispuesto a conducir por toda la ciudad para enseñar a cualquiera, en cualquier lugar, a cualquier hora, pagando o gratis. Pero siempre que enseñaba, rara vez hacía demostraciones de posturas por miedo a que me tacharan de fraude.

Casualmente, tuve que convertirme rápidamente en un experto en dar indicaciones verbales a yoguis de distintos niveles de experiencia, al tiempo que manejaba bien el tiempo y atendía a mi lista de reproducción de música (dominar cualquiera de esas habilidades puede llevarle a un profesor de yoga muchos años). Al mismo tiempo, me aseguraba de ofrecer siempre palabras de ánimo, como: «El yoga no consiste en las posturas. Se trata más bien de conectar con un lugar interior más profundo y auténtico, un lugar de aceptación, bla, bla, bla».

¿Realmente me lo creía, o me sentía más bien como un dentista al que le faltan dos dientes delanteros y tiene miedo de sonreír? Dependía del día, pero a pesar de mis neurosis, el tamaño de mis clases pasó de unas pocas personas a unas diez. Al año siguiente tenía una media de quince personas por clase; luego veinte. O la gente conocía mi secreto y no le importaba, o me había convertido en el David Copperfield de los profesores de yoga y dominaba el arte del humo y los espejos.

Poco a poco empecé a darme cuenta, hablando con mis alumnos, de que mi secreto, tan cuidadosamente guardado, era mucho más importante para mí que para los demás. Lo que apreciaban era mi capacidad para relacionarme con yoguis de todos los niveles, y especialmente con los principiantes.

Mi don consistía en hacer que todos se sintieran bien allí donde estaban. Los principiantes se sentían seguros en mis clases porque los animaba a tomárselo con calma, y *siempre* me preocupaba de ayudar

a las personas rígidas. Mis alumnos más experimentados apreciaban cómo hablaba de la práctica como una metáfora para afrontar los retos de la vida, con más aceptación de dónde estamos y menos juicio hacia dónde estamos limitados.

Otros afirmaron que yo era mucho menos egoísta y más compasivo que muchos de mis colegas más flexibles, y unos cuantos venían sólo por las magníficas listas de reproducción de música que me pasaba horas preparando antes de cada clase (porque si vas a poner música, mejor que sea maravillosa).

Resultó que no ser flexible era más una ventaja que un inconveniente.

—«No se trata de desear tener algo que no tienes –predicaba–, sino de preguntarte: "¿Cómo puedo hacer lo máximo con lo que tengo ahora mismo?"». Esto se convirtió en uno de los mantras que solía repetir en clase; palabras que necesitaba escuchar una y otra vez de forma desesperada.

El momento crucial, cuando por fin fui capaz de liberarme de la autocrítica que me había perseguido desde mi primera clase de yoga, llegó unos cuatro años después de empezar a dar clases. Fue durante una excursión al atardecer con mi amigo Will, uno de mis mentores de yoga.

Él conocía mi secreto y, aunque nunca habíamos hablado de ello hasta entonces, me preguntó medio en broma:

—¿Qué se siente al ser uno de los profesores de yoga más populares de Los Ángeles que ni siquiera puede tocarse los dedos de los pies?

Recuerdo que se me encogió el corazón y que de repente me quedé sin palabras.

Él percibió mi aprensión y, tras un momento de silencio incómodo en el que yo buscaba la respuesta «espiritual» perfecta, respondió a su propia pregunta:

—¿Sabes? Una vez un hombre sabio me dijo que no hace falta ganar a Michael Jordan en un partido de baloncesto para entrenarle para ganar un campeonato.

Y ése fue el momento en que me sentí cómodo en la incomodidad de ser el profesor de yoga más rígido de Los Ángeles.

Esto nos lleva a preguntarnos: ¿y si *tu* mayor secreto fuera también tu mayor ventaja? El minimalista espiritual está dispuesto a permanecer en la incomodidad de lo desconocido para dar el salto de fe en la dirección de su propósito. Eso significa que debes estar dispuesto a seguir tu curiosidad, aunque no tengas ni idea de cómo va a resultar, que es la mayoría de las veces. Si te has comprometido a que seguir a tu corazón sea un estilo de vida, tienes que hacerte amigo de la incomodidad. Para el minimalista espiritual, esa incomodidad es una señal reveladora de que, efectivamente, te estás moviendo en la dirección de tu potencial.

TU CORAZÓN TE OBSERVA

¿Alguna vez has anunciado un gran plan, un compromiso o un objetivo y has esperado que todo el mundo se uniera a ti con entusiasmo, pero lo único que has oído ha sido el canto de los grillos? En esos momentos de silencio es muy tentador empezar a cuestionar tu objetivo o reconsiderar tu plan, o echarte atrás en tu compromiso.

Pues bien, he aquí el secreto: te estamos poniendo a prueba; es decir, el *mundo* te está poniendo a prueba. La sociedad quiere ver lo serio que eres, si sólo estás lanzando una idea para conseguir un «me gusta» o aprobación y aplausos, o si lo estás haciendo porque estás comprometido con tu visión y algo dentro de ti te inspira para recorrer el largo camino.

Queremos ver que no vas a dejarte disuadir por nuestra tibia respuesta, que no vas a permitir que un pequeño rechazo te frene y que no vas a dejar que la falta de responsabilidad o de apoyo te detenga. Queremos ver que vas a hacerlo de todas formas, aunque parezca que nadie está mirando y a nadie le importa.

Si lo haces de todos modos, aunque a veces sientas que estás solo, tu pasión insaciable acabará atrayendo un apoyo, y luego a otro, y otro.

Así es como se forman el 99 por 100 de los movimientos, con una persona apasionada por el cambio que no está dispuesta a dejar que la incomodidad de exponerse le impida dar el salto.

El minimalista espiritual se vuelve experto en dar saltos de fe. Nunca se plantea renunciar a su vocación interior, por muy incómodo que le haga sentir la idea del fracaso. En lugar de eso, cuando llega el momento adecuado, da el siguiente paso en su camino.

Puede que el mundo no te esté observando en este momento, pero tu corazón siempre lo hace, y eso es lo que el mundo necesita con urgencia: personas que no tengan miedo de ser leales a su corazón.

ACCIÓN: LA SENTADILLA DE DESCANSO

Hablando de encontrar comodidad en la incomodidad, los minimalistas espirituales se toman esa instrucción al pie de la letra y se entrenan para sentarse en la incomodidad dominando la sentadilla de descanso.

¿Lo has intentado alguna vez? Aunque nacemos con la flexibilidad de cadera necesaria para sentarnos en cuclillas, con el tiempo, la edad y nuestro sedentario estilo de vida occidental, perdemos esa capacidad de forma gradual. Estar demasiado tiempo sentados en sillas, coches y escritorios debilita la movilidad de nuestras caderas y, como resultado, desarrollamos una tensión en ellas que sobrecarga los tobillos, las rodillas y la espalda, lo que más adelante puede provocar graves problemas de salud.

Pero ahora que practicas el minimalismo espiritual de forma activa, es hora de restablecer el equilibrio en el universo recuperando tu flexibilidad natural de cadera, pues resulta que la sentadilla de descanso es uno de los estiramientos más beneficiosos que puedes y debes hacer a diario, sobre todo con todo el flancurismo que has estado practicando mientras seguías tu curiosidad (*véase* el apartado «Acción: flaneurismo» en el principio 5 para leer más sobre ello).

Sentarte en cuclillas te ayudará a mejorar la postura, la flexibilidad, la movilidad y el metabolismo, y a quemar calorías. La parte inferior de tu cuerpo y tu núcleo se fortalecerán y serás menos susceptible a lesiones y enfermedades. Si tienes algún dolor de rodilla o de espalda, o si simplemente quieres ser más flexible pero no has sacado tiempo para hacer yoga, una sentadilla de descanso de cinco minutos es el estiramiento que todo minimalista espiritual con la amplitud de movimiento adecuada debería empezar a incorporar a su rutina matutina.

Cómo realizar una sentadilla de descanso

Ponte de pie y coloca los pies a la anchura de los hombros (o un poco más separados si tus caderas están excepcionalmente tensas). Después dobla las rodillas y ponte en cuclillas hasta que las piernas estén completamente flexionadas, manteniendo al mismo tiempo la espalda lo más recta posible.

Si no puedes doblar tanto las rodillas sin que los talones se despeguen del suelo, puedes sentarte sobre un bloque o una mesa baja, o puedes colocar un libro o una toalla debajo de cada talón para ayudarte. Lo importante es que las caderas queden por debajo de las rodillas.

Luego coloca ambos brazos en la parte interior de las piernas, junta las manos en posición de oración, y reza pidiendo clemencia por haber descuidado tus caderas todos estos años. Intenta permanecer en cuclillas hasta treinta segundos para empezar. Luego, ayudándote de las manos, inclínate poco a poco hacia atrás y desciende con suavidad hasta el suelo. Inclínate hacia un lado y vuelve a levantarte con cuidado.

Con el tiempo, deberás ser capaz de levantarte directamente de la sentadilla sin utilizar las manos, pero, para empezar, siéntete libre de sentarte en el suelo y permanecer allí hasta que la circulación de las piernas se active antes de volver a levantarte. De lo contrario, podrías marearte un poco si te levantas demasiado deprisa.

La sentadilla de descanso puede ser intensa, de ahí la oportunidad de encontrar comodidad en la incomodidad, pero como probable-

mente seas nuevo en este nivel de incomodidad, aquí tienes una sugerencia para que el tiempo pase más rápido. Una vez que llegues lentamente a los cinco minutos en la sentadilla (tras varias semanas o meses de práctica diaria), te sugiero que escuches una canción de cinco minutos o veas un vídeo educativo de cinco minutos en You-Tube, o que programes una alarma y te pongas al día en tus redes sociales mientras estás haciendo la sentadilla.

Con el tiempo, puedes considerarlo más como una meditación y hacer la sentadilla sin ningún otro estímulo (si ésa es tu preferencia). Lo importante es que dediques tiempo a aumentar la flexibilidad de tus articulaciones. Cualquier distracción o estimulación que necesites para ayudarte en tu objetivo de trabajar hasta cinco minutos será un pequeño precio que tendrás que pagar por la movilidad y la buena salud a largo plazo.

CELEBRACIÓN

Si el minimalista espiritual tiene que subir las escaleras hoy, lo considera una celebración de sus piernas. Si tienes que levantar algo pesado, trátalo como una celebración de tu fuerza. Si tienes que hacer algo solo, trátalo como una celebración de tu independencia. Si tienes que estar cerca de alguien molesto, trátalo como una celebración de tu paciencia, y si te encuentras en una situación difícil, busca formas de transformarla en una buena solución.

EL SÍ QUE DA MIEDO

Algunos oradores motivacionales dicen que, si una idea o una propuesta no suscita un sí rotundo, entonces ni si quiera hay que molestarse, lo cual es bonito, pero el minimalista espiritual considera que actuar ante un sí rotundo es fácil y obvio. Si algo es un sí rotundo, por supuesto que lo harás.

Pero lo que el minimalista espiritual encuentra especialmente intrigante es un «sí que da miedo».

¿Quieres darte un baño de hielo en invierno?

¿Y empezar ese pódcast que llevas tres años diciéndote que quieres empezar?

¿O ir a terapia para averiguar por qué sigues saliendo con narcisistas?

¿O qué tal asistir (por fin) a ese programa de recuperación de adicciones?

Ese tipo de síes dan miedo porque te obligan a salir de tu zona de confort y a entrar en tu zona de crecimiento, pero una vez que actúas sobre un sí que da miedo, descubres algunas cosas muy interesantes:

1. ya no da tanto miedo,
2. eres más propenso a hacer otras cosas que dan miedo, y
3. si algo no da miedo al menos al principio, es poco probable que crezcas gracias a ello.

Así que empieza a decir «sí» a más cosas que te dan miedo, no porque sean peligrosas, sino porque te ayudan a acceder a tu potencial.

CONTAR LAS REPETICIONES

¿Cómo puedes asegurarte de optimizar tu salud mental y física de por vida? Muy sencillo: muévete. El movimiento diario es un requisito para cualquier minimalista espiritual serio. No esperes a tener ganas para hacer ejercicio, porque la mayoría de las veces no tendrás ganas, o te dirás que no tienes tiempo, o no sabrás cómo moverte.

Más adelante en esta sección trataremos cómo hacer ejercicio como un minimalista espiritual, pero hay un elemento del ejercicio que un minimalista espiritual puede utilizar para que la experiencia sea más inspiradora, y es la manera de contar tus repeticiones.

En lugar de contar sin pensar el número de repeticiones que haces con viejos y aburridos números, vas a practicar contando afirmaciones. En otras palabras, si estás haciendo una serie de cinco flexiones, normalmente cuentas cada flexión de manera secuencial: 1-2-3-4-5.

Esto no tiene nada de malo, por supuesto, pero ¿y si pudieras contar tus flexiones al mismo tiempo que cuentas tus bendiciones? Esto significa que, incluso haciendo ejercicio, ¡puedes hacer menos y conseguir más! Lo único que tienes que hacer es sustituir los números por las palabras de la afirmación que elijas.

Por ejemplo, con esas mismas cinco flexiones, en lugar de contar del 1 al 5, elige una afirmación de cinco palabras, y trata cada palabra como un recuento de repeticiones:

1. Yo
2. soy
3. digno
4. de
5. amor

Así, en lugar de contar 1-2-3-4-5, contarás diciendo, en voz alta o para ti mismo: «Yo-soy-digno-de-amor». Seguirás repitiendo esa afirmación cada vez que hagas un ejercicio de cinco repeticiones. A medida que practiques tus afirmaciones, ¿sabes qué ocurrirá? Te fortalecerás a nivel físico y emocional, porque te sentirás más digno de amor al final de tu serie.

Cuando empieces, te parecerá una tontería, porque no es así como se cuentan normalmente las repeticiones. Pero normal es sinónimo de desagradecido, así que tienes que preguntarte: ¿quieres ser normal y desagradecido? Porque como minimalista espiritual, vas a hacer muchas cosas que no son normales. No hay amor en ser normal; no hay atención plena en ello; no hay gratitud, y eso nos lleva a preguntarnos: ¿por qué aspirar a la normalidad en cualquier ámbito de la vida?

Sin embargo, si llevas la atención plena y la gratitud a tus tareas, quehaceres, rutinas y hábitos más básicos, optimizarás cada momento de tu día. La simple experiencia de barrer se convertirá en el momento culminante de tu jornada. Hacer una serie de flexiones puede ser transformador.

Como minimalista espiritual, te estás entrenando para abordar *todo* en la vida desde dentro hacia fuera, a diferencia de lo que hace la mayoría de la gente normal, que es ver la calidad de su vida desde fuera hacia dentro.

A continuación, encontrarás algunas afirmaciones con las que puedes practicar varias repeticiones. Si no conectas con estas afirmaciones, dedica algo de tiempo a inventar las tuyas propias que correspondan a tu número medio de repeticiones, y escríbelas en una hoja de papel que podrás tener a tu lado como referencia cuando hagas ejercicio. Con la práctica, las memorizarás y, para ti, el ejercicio equivaldrá a una poderosa experiencia espiritual, no sólo a viejos y aburridos movimientos.

QUÉ HAY EN MI MOCHILA: UNA BANDA DE RESISTENCIA

Un minimalista espiritual está siempre en movimiento, y no me refiero a estar siempre de viaje; me refiero a comprender siempre la importancia del movimiento diario conocido como entrenamiento de resistencia. La mayoría de la gente realiza su entrenamiento diario de resistencia acudiendo a un gimnasio cercano, pero el minimalista espiritual no.

El minimalista espiritual lleva el gimnasio hasta él, esté donde esté, con la ayuda de una simple pero eficaz banda de resistencia.

Una banda de resistencia convierte una habitación de hotel o Airbnb ordinaria y anodina en un minigimnasio, ya que puedes ejecutar una serie de ejercicios de resistencia que ayudan a fortalecer cada una de las principales partes del cuerpo, al tiempo que ocupan un espacio y un peso mínimos en tu mochila. Tiene múltiples funciones para realizar un entrenamiento minimalista completo. Para ello, aquí tienes cinco ejercicios que puedes probar en los próximos cinco días utilizando tu fiel banda de resistencia.

1. Yo
2. soy
3. dichoso

1. Yo
2. soy
3. amado

1. La
2. gratitud
3. es
4. mi
5. superpoder

1. Yo
2. estoy
3. creando
4. mi
5. futuro

1. Yo
2. me
3. merezco
4. ser
5. feliz

1. Yo
2. soy
3. digno
4. de
5. amor

1. Yo
2. estoy
3. en
4. el
5. lugar
6. adecuado
7. en
8. el
9. momento
10. adecuado

1. Mi
2. vida
3. es
4. dichosa
5. y
6. yo
7. amo
8. lo
9. que
10. soy

Día de piernas: Sentadilla con banda

Colócate de pie con los pies separados a una distancia ligeramente superior a la anchura de los hombros y con los dedos un poco inclinados hacia fuera. Pisa la parte interior de la banda con ambos pies y rodea los hombros con el resto de la banda. Mientras sacas pecho y mantienes la espalda lo más recta posible, empieza a doblar las rodillas como si fueras a sentarte en una silla imaginaria colocada detrás de ti. Detente en el punto antes de empezar a hacer fuerza, y luego, apoyándote en los cuatro extremos de ambos pies, vuelve a presionar hasta colocarte de pie. Mientras realizas este movimiento, asegúrate de que tus rodillas no se doblan y de que tu espalda no se arquea. Si ocurre alguna de estas cosas, es posible que necesites una banda más ligera, o tal vez practicar primero sentadillas al aire sin banda para dominar el movimiento. Empieza con entre veinticinco y cincuenta repeticiones en series de cinco. Cuenta con afirmaciones en lugar de con números (*véase* el apartado anterior, «Contar las repeticiones»).

Día de hombros: Elevaciones de hombros sentado

Pisa la banda como si estuvieras poniéndote unos pantalones, sujétala alrededor de las nalgas y luego siéntate sobre ella con las piernas cruzadas. La parte superior de la banda debe descansar suelta sobre tus muslos. A continuación, estira la parte suelta de la banda a la anchura de las rodillas y sujétala cerca de cada rodilla. Manteniendo las manos a la anchura de las rodillas, gira los brazos de modo que los nudillos queden hacia arriba, llevando la parte superior de la banda justo debajo de la barbilla (la banda quedará apoyada en la parte exterior de los antebrazos). A continuación, empieza a enderezar la espalda y levanta los brazos hacia el cielo, abriendo el pecho en el proceso. Tras una breve pausa en la parte superior del movimiento, dobla los codos hasta que la banda vuelva a estar justo debajo de la barbilla. Debes sentir este movimiento en los hombros, no en la espalda. Si sientes dolor, detente y haz en su lugar flexiones en pica (puedes buscar variaciones de ambos ejercicios en YouTube). De lo contrario, continúa con la siguiente repetición elevando los brazos y bajándolos de nuevo. Intenta hacer entre veinticinco y cincuenta repeticiones en series de cinco.

Día de espalda: Flexiones de brazos o dominadas asistidas

Siéntate con las piernas estiradas hacia delante y, con la banda de resistencia doblada formando una línea, enróllala alrededor de los pies. Los extremos de la banda deben sobresalir a ambos lados de las piernas. Agáchate y agarra un extremo con cada mano, y gira los puños de modo que las palmas miren hacia abajo. Si quieres un reto mayor, desliza las manos por la banda hacia los pies. A continuación, mientras te sientas lo más recto posible y ejercitas el tronco, saca el pecho y dobla lentamente los codos hacia atrás, tirando de la banda como si estuvieras remando. Al hacerlo, los omóplatos deben juntarse. Luego vuelve a la posición inicial estirando los brazos en dirección a los pies, y repite. Mantén el pecho fuera, los hombros hacia atrás y el tronco contraído todo el tiempo. Intenta hacer entre veinticinco y cincuenta repeticiones en series de cinco.

También puedes utilizar la banda para hacer dominadas asistidas. Si tienes acceso a una barra de dominadas, enrolla la banda alrededor de la barra y tira del extremo. Coloca un pie o la rodilla en el extremo abierto de la banda que cuelga hacia abajo. Cuando te sientas bien anclado en la banda, sujeta la barra con ambas manos y tira hacia arriba. Intenta hacer entre veinticinco y cincuenta repeticiones en series de cinco.

Día de pectorales: Flexiones con banda

Si no puedes hacer una flexión normal con extensión completa, entonces no necesitas una banda para esto. Intenta hacer veinticinco o cincuenta flexiones en series de cinco sin la banda. Si necesitas bajar las rodillas al suelo para mantener una buena forma en la parte superior del cuerpo, haz ese ajuste. A medida que adquieras más fuerza en los brazos y el pecho, podrás hacer flexiones sin modificar en muy poco tiempo. Cuando te resulte relativamente fácil hacer flexiones sin modificar, prueba las flexiones con banda sujetando un lado de la banda

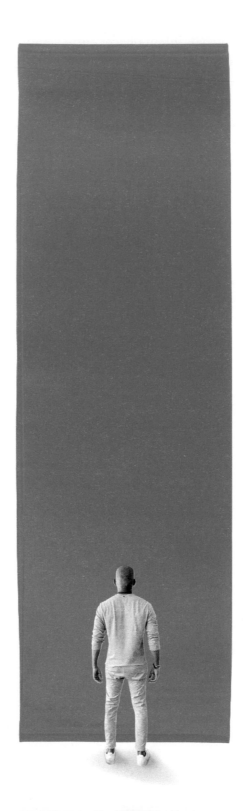

en cada mano con la banda enrollada alrededor de la parte posterior de los hombros. A continuación, colócate en posición de flexión de brazos y comprueba si puedes hacer entre veinte y cincuenta flexiones completas a ritmo normal (no rápido) y con buena forma, en series de cinco. Será más difícil de lo que crees, ya que la banda resiste tu esfuerzo cada vez que empujas hacia arriba.

Día de brazos: flexiones de bíceps con banda y estiramientos de tríceps

Por último, pero no por ello menos importante en nuestro entrenamiento espiritual minimalista de cuerpo entero, no podemos dejar de lado los brazos. Para conseguir o mantener unos bíceps y tríceps fuertes, te recomiendo que hagas flexiones de bíceps con banda seguidas de estiramientos de tríceps. Lo único que necesitas es tu banda y una puerta.

Flexiones de bíceps. Engancha la banda unos diez centímetros por debajo de una puerta entreabierta. De pie, a unos treinta centímetros directamente delante de la puerta abierta (de modo que puedas ver ambos pomos), sujeta la banda con las dos manos y bájalas a una distancia suficiente como para sentir una tensión que suponga un esfuerzo. Con los pies bien apoyados en el suelo, la espalda recta y las rodillas ligeramente flexionadas, empieza a doblar los brazos, llevando la banda hacia el pecho. A continuación, vuelve a estirar los brazos y haz otra repetición.

Intenta no balancear la parte superior del cuerpo hacia delante y hacia atrás con las repeticiones. Mantente firme y deja que tus bíceps (la parte delantera de los brazos) hagan todo el trabajo. La única parte de tu cuerpo que debe moverse son los antebrazos, que se mueven hacia el pecho y vuelven a la posición inicial. Si te resulta demasiado difícil, afloja el agarre de la banda hasta que encuentres la tensión adecuada para hacer cinco repeticiones sin balancearte. Si no tienes una puerta, puedes pisar la banda con un pie y hacer la flexión desde ahí. Intenta hacer entre veinticinco y cincuenta repeticiones en series de cinco.

Estiramiento de tríceps. Cuando hayas terminado con los bíceps, desengancha la banda de la parte inferior de la puerta y engánchala en la parte superior de ésta. Tu postura va a ser la misma que para las flexiones de bíceps, salvo que esta vez vas a sujetar la banda con los codos flexionados. Luego, con la parte superior del cuerpo ligeramente inclinada hacia la puerta, vas a estirar los brazos en dirección a los pies, estirando los tríceps (la parte posterior de la parte superior de los brazos) en el proceso. Después de extender completamente ambos brazos, vuelve a flexionar los codos hasta la posición inicial y repite otra repetición. Intenta un total de veinticinco a cincuenta repeticiones en series de cinco.

Para conseguir y mantener una forma óptima, repite este entrenamiento de cuerpo entero cada semana, aumentando el número de repeticiones hasta que puedas hacer cien de cada ejercicio. A medida que te fortalezcas, siéntete libre de explorar distintas variaciones y jugar con el número de repeticiones y los tiempos de descanso de cada serie. Incorpora el método de recuento de repeticiones que hemos comentado antes en esta sección. YouTube también está lleno de vídeos que muestran todas las variaciones imaginables.

Yo dedico el mismo día de cada semana a una parte específica del cuerpo, para no tener que pensar en ello. Sé que los lunes son siempre días de pectorales, y los martes días de piernas. Los miércoles son días de espalda. Los jueves hago un ejercicio asimétrico de piernas, como zancadas, y los viernes son días de brazos. No importa dónde esté o lo ocupado que esté, siempre saco de diez a quince minutos para realizar mi movimiento diario. Como minimalista espiritual, tú también deberías hacerlo.

PRINCIPIO 7:

La libertad de no tener elección

«Cuando haces todo lo que está en tu mano para que
funcione y sigue sin funcionar, el universo está intentando
salvarte el pellejo».

— *The Spiritual Minimalist*

ENCONTRAR TU PROPÓSITO

El jueves 1 de diciembre, Rosa Parks, de cuarenta y dos años, subió
después del trabajo, hacia las seis de la tarde, al autobús de Cleveland
Avenue en el centro de Montgomery, Alabama. Corría el año 1955
y, en aquella época, estaba prohibido que las personas de raza negra
viajaran en las primeras filas de los autobuses urbanos. La señora Parks
pagó su billete y se sentó en la primera fila de la sección destinada a
los pasajeros «de color».

Mientras el autobús avanzaba a trompicones por la avenida, la
sección «sólo para blancos» empezó a llenarse con rapidez, y el conductor se dio cuenta de que había dos o tres hombres blancos de
pie. Así que, en la siguiente parada, el conductor exigió que los
cuatro pasajeros negros que estaban sentados en la primera fila de la
sección de color cedieran sus asientos para que los pasajeros blancos
pudieran sentarse. Tres de los pasajeros de raza negra obedecieron,
pero la señora Parks decidió no hacerlo. Más tarde dijo que sintió

que una determinación envolvía su cuerpo como un cálido manto en una noche de invierno.

—«¿Por qué no te levantas?», le espetó el conductor.

Cuando ella le dijo que no tenía por qué ceder el asiento, hizo que la policía detuviera a la señora Parks.

Rosa Parks no tenía ni idea de que su acto de rebeldía en aquel momento iniciaría uno de los mayores y más exitosos movimientos de masas de la historia de Estados Unidos: un boicot de trescientos ochenta y un días a los autobuses urbanos, que lanzaría a la fama internacional a un desconocido reverendo de veintiséis años llamado Martin Luther King, Jr. y que desembocaría en una marcha en Washington en la que King pronunciaría uno de los discursos más emblemáticos del siglo xx, la aprobación de una ley sobre el derecho al voto, un Premio Nobel de la Paz, una fiesta nacional y mucho más.

— «La gente siempre dice que no cedí mi asiento porque estaba cansada —recordó la señora Parks—, pero eso no es cierto. No estaba más cansada de lo que suelo estar al final de una jornada laboral. No, lo único de lo que estaba cansada era de ceder».

A veces confundimos nuestro trabajo con nuestro propósito, pero Rosa Parks trabajaba como costurera. No era una empresaria ni una celebridad. Sin embargo, fue su acto de rebeldía aquel fatídico día el que inició el movimiento moderno por los derechos civiles, y que se convirtió en el propósito que ella ni siquiera sabía que tenía hasta después de encontrarse en aquella situación: volver a casa tras un largo día de trabajo, sentada en su asiento del autobús y sentirse cansada de ceder.

Hoy en día, muchas personas pasan mucho tiempo contemplando su propósito, preguntándose si lo encontrarán y cuándo, como si se tratara de una especie de búsqueda cósmica de huevos de Pascua. Pero un minimalista espiritual adopta un enfoque diferente respecto al propósito. Como minimalista espiritual, primero debes tener muy claros tus principios y valores fundamentales. Después, lo único que tienes que hacer es empezar a vivir de acuerdo con ellos lo mejor que puedas. Mientras seas leal a tus valores al tiempo que sigues tu curiosidad, también puedes asumir que, como Rosa Parks, acabarás justo donde se supone que debes estar.

En otras palabras, si una decisión parece alineada con tus valores, por mucho miedo que dé o por muy inconveniente que resulte, actúas. Pero si *no* sientes que está alineada con tus valores, entonces no importa lo brillante que sea o lo rentable que pueda resultar: la ignoras. Aunque vivir según tus valores fundamentales pueda parecer restrictivo al principio, en realidad es bastante liberador, porque ya no tienes que preguntarte si vas a hacer lo correcto; ya has preestablecido que lo harás, tal y como dictan tus valores. Tu determinación de honrar tus valores te proporciona una sensación de libertad: la libertad de no tener elección.

Pase lo que pase, tus valores ya han decidido tu forma de actuar. Por ejemplo, uno de tus valores puede ser honrar siempre tu palabra. Al principio puede parecer restrictivo, pero si vives según ese valor, tendrás mucho cuidado con lo que digas que vas a hacer, lo que da más poder a tu palabra. Porque una vez que lo dices, está hecho; no es necesario deliberar más. Otro valor puede ser plantar cara a la injusticia. Esto no significa que tengas que enfrentarte a todas las injusticias del planeta, pero, como la señora Parks, cuando tengas uno de esos días en los que estás cansado de ceder, y la voz de tu corazón te inste a posicionarte, hazlo. Quédate sin elección en ese momento. Si permaneces leal a tus principios y valores de ese modo, puedes asumir que también estás viviendo tu propósito.

EJERCICIO

Para vivir según tus principios y valores fundamentales, tienes que saber cuáles son. Aquí tienes un rápido experimento mental que te ayudará a identificarlos. Imagina que estás asistiendo a tu propio funeral. Tus familiares y amigos suben al estrado para ofrecer reflexiones sobre tu vida. ¿Qué te gustaría que dijeran de ti? ¿Querrías que comentaran lo generoso que eras? ¿Cómo encontrabas el humor en las situaciones cotidianas? ¿Cómo te desvivías a menudo por ayudar a los necesitados? ¿Cómo honrabas siempre tu palabra?

Después de dedicar algún tiempo a pensar en lo que querrías que dijeran de ti quienes te conocieron al final de tu vida, observa qué temas surgen. Esos temas representan tus valores y principios fundamentales. Escribe todos los que quieras, y luego consolídalos cuando proceda. Al final, puede que tengas una lista de tres a cinco valores fundamentales, como, por ejemplo:

- Hacer siempre un esfuerzo adicional.
- Ver lo mejor de los demás.
- Confiar en mi intuición.
- Enfrentarme a la injusticia.
- No tomarme demasiado en serio.

De nuevo, vivir según tus valores no debe considerarse una pena de prisión, porque son *tus* valores, asignados por ti, en función de cómo quieres que te recuerden en última instancia. Al contrario, hay una inmensa libertad en saber lo que defiendes y por lo que estás dispuesto a luchar. Tener claros tus valores te permitirá centrar tu atención y energía en lo que es verdaderamente importante, sin malgastar energía en cosas que no parecen alineadas con lo que tienes que hacer aquí.

TU IMPRESIÓN FINAL

Cuando se acaba una relación de negocios o amorosa, ¿cómo sales de ella? ¿Con elegancia? ¿Con consideración? ¿Cumpliendo tus compromisos?

Damos mucha importancia a causar una buena primera impresión, pero a veces subestimamos el impacto duradero de nuestra impresión final.

Cualquiera que haga algo importante desarrollará con el tiempo una reputación, que puede inspirar o repeler a quienes aún no te conocen en persona.

La mayoría de las «malas» reputaciones son el resultado de repetidos fracasos a la hora de dejar una última impresión positiva. Por ejemplo, ¿puede alguien decir lo siguiente de ti?

«Renunció sin avisar con dos semanas de antelación».

«Rompió conmigo por mensaje de texto».

«Nunca me dio las gracias después de que me desviviera por ayudarle».

«Nunca se presentó a nuestra reunión y no llamó».

Algunas de estas impresiones por las que puedes ser recordado para siempre son descuidos ridículamente pequeños que aun así pueden corregirse con facilidad dando las gracias, avisando a alguien, disculpándote o simplemente escuchando.

Tu primera impresión es la que marca la pauta, pero tu última impresión es la que cimenta tu reputación. Cómo dejas una amistad, una asociación o una relación es mucho más importante que cómo empezó. Como minimalista espiritual, cada día se te presenta otra oportunidad de mejorar tus impresiones pasadas y diseñar tu reputación de la forma que mejor refleje cómo quieres que te recuerden en última instancia.

Sea cual sea la historia de tu salida, recuerda que se contará una y otra vez y se embellecerá con el tiempo. Los efectos de esto pueden ser asombrosos si saliste con elegancia o innecesariamente embarazosos si fue un desastre.

En lugar de tener que pasar años dando contexto a la versión «chismosa» de la historia, haz ahora lo que deberías haber hecho entonces para arreglar el desaguisado (disculparte, perdonar, reconocer la experiencia de la otra persona, ser sincero sobre la tuya, y demás). Claro que arreglar el entuerto puede ser duro para tu ego y llevarte mucho tiempo, pero te da la libertad de hacer más de aquello para lo que estás aquí, a la vez que cimientas una reputación que genera apoyo en el camino.

UN MOMENTO SEÑALADO

Cuando entrevisto a gente en mi pódcast, busco personas corrientes que hayan encontrado su propósito dando un giro extraordinario a su vida, lo que normalmente significa que llegaron a un punto en su vida en el que empezaron a vivir según sus valores.

La mayoría de las veces hubo un día en el que, como Rosa Parks en la historia que abre este capítulo, se encontraron acorralados, y probablemente podrían haberse mentido a sí mismos al respecto, o podrían haber fingido que no estaba ocurriendo. En lugar de eso, dijeron: «Ya basta. Voy a hacer algo diferente de lo que he estado haciendo. Voy a empezar a contar una historia diferente sobre mi vida. Por fin voy a afrontar mi verdad».

Y se enfrentaron a la injusticia, enmendaron sus errores, iniciaron lo que acabó convirtiéndose en un movimiento, se comprometieron con una misión mayor, o dejaron de renunciar. Fuera lo que fuese, ese día se convirtió en un momento decisivo en sus vidas.

Cuando se los conoce lo suficiente como para escribir libros, pronunciar discursos y conceder entrevistas en pódcast sobre su historia, cuentan su «momento Rosa Parks» una y otra vez. Eso es todo lo que cualquier persona quiere oír: ¿qué ocurrió aquel día en que decidieron que ya era suficiente? ¿Qué sintieron? ¿A qué obstáculos se enfrentaban? ¿Cómo encontraron el valor para decir basta?

Ésta es la clave: a medida que te acercas a tu umbral de dolor, donde estás cansado de ceder, ese día para ti puede ser hoy. Como minimalista espiritual, hoy tienes la oportunidad de hacer algo que puede cambiar la dirección del resto de tu vida. Hoy puedes establecer un límite en torno a lo que ya no estás dispuesto a tolerar.

Si eres lo suficientemente valiente como para ceñirte a él, dentro de cinco, diez y veinte años, estarás contando historias sobre lo que ha ocurrido hoy, historias que seguirán haciendo que los demás digan «¡guau!» e inspirarán a los que oigan lo que hiciste (e incluso a los que aún no han nacido) para que sientan que también ellos pueden tener el valor que tú has demostrado hoy.

O bien, hoy puede ser simplemente otro día que se mezcle con el resto de los días para olvidar en los que no te levantaste, en los que no diste el salto, en los que seguiste permitiendo que el *statu quo* dictara cómo transcurría tu vida.

En cualquier caso, depende de ti aprovechar el día. Cuando finalmente lo hagas, con el tiempo, consolidarás tu estatus de minimalista espiritual, y sería un honor para mí que vinieras a mi pódcast para compartir la historia de lo que ocurrió después. Ya estoy deseando maravillarme ante tu valentía durante nuestra entrevista.

ACCIÓN: LAVA TU ROPA A MANO

Cuando me hice nómada por primera vez, me compré una maleta de mano de cincuenta y cinco centímetros porque era la más grande que te permiten guardar en los compartimentos superiores de los aviones. Pensaba que estaba siendo inteligente, pero de lo que me di cuenta más tarde fue de que no estaba haciendo la pregunta correcta. En lugar de preguntarme cuántas cosas podría meter en una maleta de mano de cincuenta y cinco centímetros, lo más adecuado era preguntarme: *¿cuál es el menor número de objetos que necesito de verdad?* Y ésta es la cuestión: no sabrás la respuesta a esa pregunta a menos que practiques la restricción de manera intencionada.

Si intentas limitarte a una maleta, la llenarás y jurarás que necesitas todo lo que contiene. Si sólo tienes una bolsa de mano, la llenarás;

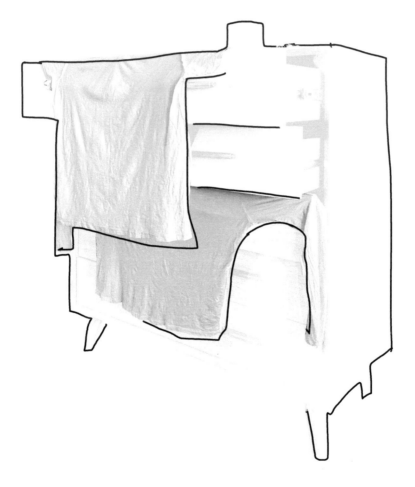

si sólo tienes una mochila, la llenarás, y si sólo tienes una mochila de día, la llenarás y jurarás que necesitas todo lo que contiene para vivir. La verdad es que necesitas mucho menos de lo que crees. Uno de los descubrimientos que hice al año de emprender mi viaje fue cómo crear más espacio lavando la ropa a mano. Una vez que empecé a hacerlo, pude reducir de forma drástica el tamaño de mi armario cápsula a la vez que aligeraba mi carga, sin sacrificar la variedad.

El lavado a mano me dio mucha más libertad porque podía hacer más con menos ropa. Viajar ligero no tiene tanto que ver con las restricciones como con ser adaptable a cualquier entorno. Recuerda, cuanto menos adaptable seas, menos presente estarás. Puedes engañar a todo el mundo haciéndole creer que estás presente, pero tu cuerpo sabrá la verdad. Si pierdes tu equipaje y te preocupa mínimamente no tener lo que crees que necesitas para tu viaje, no estarás tan presente como lo estarías si, en el fondo, supieras que el equipaje perdido o estropeado no puede afectar a tu estado interno.

Puede que no tengas que lavar la ropa a mano a menudo, pero cuando lo hagas, marcará la diferencia a la hora de permitirte estar relajado y presente en lugar de ansioso y preocupado, que dista mucho de ser la versión más atractiva de ti. Lo mejor es practicar y perfeccionar tus habilidades para lavar a mano cuando no necesites hacerlo; es decir, ahora mismo, mientras estás en casa.

Esto es lo que necesitarás para lavar tu ropa a mano cuando estés de viaje.

Champú

¿Por qué no jabón en pastilla o gel de baño? Porque no hace tanta espuma en la ropa, pero si sólo tienes jabón corporal o en pastilla, úsalo.

Una fuente de agua

Puedes utilizar un lavabo, una bañera, o incluso puedes lavar la ropa mientras te duchas si tienes poco tiempo.

Una toalla

Necesitas una toalla de mano seca para escurrir las prendas más pequeñas después del lavado, o una toalla corporal grande para escurrir las prendas más grandes, como vaqueros, pantalones chinos y sudaderas.

El proceso:

1. Pon la ropa en remojo mientras llenas el fregadero de agua.
2. Cierra el grifo y aplica un poco de champú en la ropa.
3. Frota el tejido durante un par de minutos, o hasta que el jabón haya cubierto toda la ropa de espuma.
4. Para las manchas difíciles, frota y agita durante el doble de tiempo.
5. Desagua el fregadero y aclara bien el champú o el jabón de la ropa.
6. Escurre la prenda lo mejor que puedas.
7. Enrolla la prenda en la toalla de mano y vuelve a escurrirla con la toalla retorciéndola de ocho a diez veces. NO te saltes este paso o la ropa tardará mucho más en secarse.
8. Desenrolla la toalla y cuelga la prenda en una percha, en el respaldo de una silla o en un colgador de la habitación.
9. Si no hay demasiada humedad, la ropa estará completamente seca y lista para volver a ponerse en unas cinco horas.
10. A mí me gusta lavar la ropa a mano por la noche, antes de acostarme, y suele estar seca por la mañana.

No esperes a estar en la carretera para practicar. Inténtalo hoy mismo. Empieza lavando a mano una prenda en cada lavado, algo pequeño como una camiseta o ropa interior. Con un poco de práctica resolverás cualquier dificultad y, cuando le cojas el truco, el proceso completo no te llevará más de cinco o diez minutos.

Si quieres ir más allá, limítate a llevar sólo ropa que laves a mano durante una semana. Eso te dará la libertad de no tener elección y te obligará a practicar. Dependiendo de tu estilo de vida, no es necesario que laves los pantalones o los jerséis con tanta frecuencia, pero deberías practicar lavar a mano también prendas más grandes, por si acaso. Siempre puedes consultar en YouTube cómo lavar a mano prendas más delicadas.

APENAS SE PRESTA ATENCIÓN

En mi último año de instituto, pasaba tanto tiempo pensando qué ponerme cada día que llegué a preguntarme si alguien prestaba atención a mi ropa.

Así que, a modo de experimento, decidí llevar la misma camiseta morada y los mismos pantalones caqui todos los días durante una semana, sólo para ver si alguien se daba cuenta o decía algo al respecto. Al final de la semana, nadie había dicho ni una palabra.

Llegué a la conclusión de que la mayoría de las personas no prestan atención a lo que hacemos o dejamos de hacer, sobre todo porque están muy preocupadas por lo que *ellas* están haciendo o no.

Ha sido un recordatorio liberador a lo largo de mi vida, sobre todo cuando se trata de asumir riesgos personales y profesionales importantes, y estoy seguro de que a ti te ocurrirá lo mismo.

Como minimalista espiritual practicante, si dudas en arriesgarte porque temes lo que puedan pensar los demás, recuerda esto: apenas están prestando atención. Así que ¡adelante!

QUÉ HAY EN MI MOCHILA: MI ARMARIO CÁPSULA

Como minimalista espiritual, una de las mejores formas de encarnar la libertad de la falta de elección es confeccionar un armario cápsula, que te sirva de uniforme diario para ahorrar tiempo y esfuerzo a la hora de elegir la ropa que te pondrás cada día. Si te apetece el reto, antes de deshacerte de la mitad de la ropa de tu armario, empieza a experimentar con lo que te pones habitualmente. Imagina que tienes que viajar este fin de semana y sólo puedes llevar dos conjuntos, ¿cuáles llevarías? Después de reducir las opciones a un puñado de estilos, comprueba si puedes llevar sólo esas prendas durante la semana siguiente.

Esto es lo que tengo actualmente en la rotación de mi armario cápsula.

Un par de pantalones chinos oscuros

Te conviene que éste sea el pantalón que mejor te quede, y que sea oscuro, porque puede que te sientes sobre algo sucio, o que accidentalmente se te derrame algo en el regazo mientras comes o bebes, y no quieres parecer un guarro. Además, lo ideal es que éste sea el único pantalón de tu armario cápsula, así que elige bien.

Una camisa ligera de algodón con botones o una camiseta de vestir

Te servirá como ropa formal, para una ocasión especial. Debe ser una prenda blanca u oscura que te quede bien, preferiblemente que no sea de color. Me gusta el blanco, porque en el peor de los casos, si se mancha, es más fácil volver a dejarlo blanco con un buen lavado a mano y quizá un poco de lejía. Si no tienes plancha, puedes extenderla después de lavarla a mano.

Una sudadera con capucha y cremallera de color neutro

Tu sudadera con capucha te resultará útil cuando el tiempo sea un poco más fresco de lo previsto, y puede servirte de protección en caso de que llovizne. Si tienes una americana, puedes llevar la sudadera con capucha debajo de la americana para tener una capa extra de abrigo si es necesario, o puedes ponértela para entrenar si estás en el exterior y hace un poco de fresco.

Una camiseta blanca de algodón de manga corta y una camisa de manga larga

Sin duda, te recomiendo que te pongas camisetas blancas u oscuras porque son más fáciles de mantener limpias, sobre todo si accidentalmente derramas comida grasienta sobre tu ropa.

Un jersey oscuro de cachemira o un cárdigan ligero

Si el tiempo es más fresco, el jersey puede ir sobre la camisa de vestir o la camiseta para darle un toque más elegante, o atártelo a la cintura como refuerzo en caso de que haga más frío de lo habitual por la noche.

Un par de pantalones cortos o mallas elásticas para entrenar

Cuando llegue la hora del ejercicio diario, éstos serán tus pantalones cortos de entrenamiento. Si eres hombre y te sientan bien, también pueden servirte como bañador en caso de que te encuentres cerca de una zona de agua apta para el baño.

Una chaqueta o americana ligera

En caso de que tengas que hacer negocios, es una prenda elegante para llevar encima de la camisa de vestir, el jersey o la sudadera, según la ocasión.

Chal de meditación

Hablo más sobre el chal de meditación en otra sección (*véase* «Qué llevo en la mochila: chal de meditación», en el principio 1). Puedes ponértelo alrededor del cuello para mantenerte abrigado en los climas más fríos.

Calzado blanco

Hay otra sección sobre la recomendación del calzado blanco *(véase* «Qué llevo en la mochila: calzado blanco», en el principio 5). Básicamente, cualquier zapato que pueda vestirse de forma elegante o informal y que sea fácil de mantener limpio debería estar en tu armario cápsula.

Obviamente, no hace falta que te hagas con las mismas prendas que yo. Las mujeres pueden incluir un vestido, una falda, o unos vaqueros. El objetivo general es llevar prendas que combinen bien con el resto de tu ropa, y sólo conservar prendas que te encanten y que te pongas a menudo, no artículos que te gusten más o menos, a veces, con la luz adecuada y en el ángulo adecuado. En lugar de eso, ponte ropa que te siente de maravilla, con la que te hagan cumplidos a menudo. Ésa es la norma minimalista espiritual.

Si no te encanta, no la compres. Si encuentras otra cosa que crees que te encanta, pero no te gusta lo suficiente como para sustituir una de tus prendas actuales por ella, entonces no cumple la norma. Si de verdad te encantara, no te importaría cambiarla por algo que ya tienes y que te gusta menos. Así es como ejerces la libertad de no tener elección con tu armario cápsula del minimalista espiritual.

Conclusión

«Leer libros de autoayuda no se considera "trabajo interior".
El trabajo interior se produce cuando pones en práctica lo
que lees y aprendes».

– *The Spiritual Minimalist*

HORA DE INTEGRARSE

Ahora que hemos cubierto los siete principios, lo ideal es que te tomes tu tiempo para materializar los que más resuenen contigo y te diviertas incorporando las acciones correspondientes a tu vida diaria.

El único principio que me gustaría sugerir encarecidamente que no sea negociable es la práctica diaria de la meditación. La meditación es el hábito clave que puede facilitar la incorporación de todos los demás principios; te permitirá hacer menos y conseguir más en todos los ámbitos de la vida. Por ejemplo, si quieres empezar por acoger la falta de elección, pero aún no has empezado a cultivar la felicidad interior, te resultará mucho más difícil ver la falta de elección como una libertad, en lugar de como una limitación. Da prioridad a tu meditación, y será más fácil integrar todos los demás principios.

También te recomiendo que sigas repasando los conceptos e historias de este libro. Cógelo cuando te apetezca y hojéalo para ver qué te llama la atención. A medida que vayas incorporando estos siete principios, las historias y prácticas relacionadas con cada uno de ellos irán adquiriendo un nuevo significado e importancia con el tiempo.

Si has experimentado el libro de un modo más aleatorio, considera la posibilidad de volver atrás y leerlo de forma lineal, de principio a fin. Sin duda, descubrirás pasajes que te perdiste o secciones que no resonaron tanto la primera vez. Del mismo modo, si ya has leído *Viaja ligero* de principio a fin, prueba a hojearlo al azar a ver qué descubres.

Mientras tanto, prepárate para oír con más claridad la voz de tu corazón; pero oírla es una cosa. Observa qué ocurre cuando te propones actuar en consecuencia, sobre todo en esos momentos de espera, cuando estás en un atasco o en la cola de la farmacia.

Siempre que sientas que te falta algo, practica dar eso mismo y sigue tu curiosidad tan a menudo como puedas, aunque te resulte incómodo hacerlo; es una oportunidad para encontrar comodidad en la incomodidad. Siempre que te encuentres en una encrucijada, toma una decisión basada en tus valores. Éste es el camino del minimalista espiritual; la manera de viajar *ligero*.

He aquí un resumen de las prácticas minimalistas espirituales diarias recomendadas en este libro:

- Medita de quince a veinte minutos cada mañana.
- Practica seguir la voz de tu corazón tan a menudo como puedas.
- Juega al juego de la gratitud en tus ratos muertos.
- Deja los espacios mejor de lo que los encontraste.
- Acostúmbrate a caminar más y a practicar el flaneurismo.
- Haz una sentadilla de descanso cada mañana.
- Practica el lavado a mano de la ropa.

Como he podido comprobar en mi propia experiencia (y soy profesor de meditación desde hace más de quince años), alcanzar el dominio de cualquier nuevo hábito o práctica dista mucho de ser un proceso lineal. Esto es lo que he aprendido sobre el proceso y lo que probablemente experimentarás tú.

La maestría es el resultado de aprender algo nuevo, aplicarlo en un entorno controlado, fracasar, hacer preguntas, volver a aplicarlo con nuevos conocimientos, perfeccionar tu enfoque, darte cuenta de que en realidad no estás fracasando aunque parezca que sí, redefinir el éxito, acabar con viejos adoctrinamientos, hacer los deberes, volver a aprender a aprender, sustituir tus viejos hábitos, «fracasar» de nuevo, hacer mejores preguntas, volver atrás y hacerlo de la forma equivocada sólo para ver lo lejos que has llegado, «fracasar» una vez más, hacer más deberes, tener suerte, «fracasar», y luego ponerlo todo en duda.

Después de detenerte durante un tiempo, experimentarás una crisis inesperada, entonces retomarás el camino con humildad, volviendo a experimentarlo como si fuera la primera vez, volviendo a inspirarte, siguiendo el protocolo con más confianza, haciendo preguntas más matizadas, haciendo que los nuevos hábitos sean innegociables, orientándote hacia el proceso en lugar de hacia el resultado, redefinir de nuevo el éxito, dar pequeños pasos sólo para mantener el impulso hacia delante, fijar objetivos más pequeños, revisar tu trayectoria pasada, ajustarte a los errores comunes, anticiparte a futuros «fracasos» antes de que ocurran, adaptarte al cambio con más facilidad, dejar de lado por completo el resultado y comprometerte con algo más grande que tú mismo.

Podría seguir, pero ya me entiendes: la maestría tiene múltiples capas, facetas y es dinámica, por lo que a veces resulta confuso saber en qué punto del proceso te encuentras, pero eso es precisamente lo que significa estar «en el proceso». Cuanto más dejes de pensar en la maestría en términos lineales, más rápido avanzarás, así que disfruta de tus experimentos minimalistas espirituales, y ten claro que no puedes meter la pata. Cualquier experiencia es útil para alcanzar la maestría.

Tampoco tienes que referirte nunca a esto como «minimalismo espiritual». Se trata simplemente de una forma diferente de enfocar la vida, y si descubres que obtienes mucho valor de ello, entonces sigue haciéndolo, y si después de probarlo sientes que no añade el tipo de valor que te interesa, entonces simplemente mantenlo como punto de referencia de lo que es posible, y quizá vuelvas a él más adelante. En cualquier caso, estos principios son tuyos para que los utilices como quieras. Lo único que espero de ti es que sigas explorando todo lo que la vida te ofrece, y que te dejes llevar más por tu curiosidad que por tus miedos.

SIGUE PRACTICANDO

Me gustaría dejarte con una última historia sobre algo que experimenté antes de empezar a viajar ligero de forma intencionada.

Una noche, tras una velada bailando salsa, caminaba solo por un paseo al aire libre en Santa Mónica, California. De camino a mi coche, oí a alguien cantando *La Bamba* a lo lejos, así que, naturalmente, me dejé llevar por la curiosidad de saber quién estaría al aire libre a medianoche en un paseo vacío interpretando *La Bamba*.

Al acercarme, vi a un joven, probablemente de trece o catorce años, bailando y girando con gran entusiasmo y pasión mientras interpretaba la popular canción de Ritchie Valens.

Su micrófono y su altavoz desgastados se desconectaban una y otra vez. Pero seguía zapateando y dando vueltas como si estuviera actuando en el escenario del Madison Square Garden ante decenas de miles de personas. Cantó más versiones y yo estaba absolutamente embelesado.

Poco después, otro tipo se paró a mirar. Éramos tres o quizá cinco personas en todo el paseo a esas horas de la noche. Durante su actuación, no dejamos de mirarnos unos a otros con asombro. Recuerdo que deseaba que hubiera habido más gente para verlo.

Anoté los datos del cantante y lo busqué cuando llegué a casa; no me sorprendió ver que estaba por todo Internet. Llevaba actuando desde los siete años. Había estado en *The Ellen Show;* incluso había actuado delante del presidente Obama. Qué suerte tuve de disfrutar de un espectáculo privado en plena noche en Santa Mónica, mientras su madre esperaba pacientemente sentada en su coche, a una manzana de distancia, a que terminara. Su dedicación a su oficio era palpable.

Unos años más tarde, paseaba por un paseo al aire libre en Boulder, Colorado, y allí estaba él de nuevo, todavía actuando, girando y cantando con ese mismo grado de energía y fervor; el resultado quizá de miles y miles de horas de práctica. Estaba claro que ése era su don, y así lo sentías en lo más profundo de tu ser si alguna vez le veías actuar. Era alguien que realmente vivía su propósito.

Una noche, publicó una actualización en sus redes sociales que no me ha dejado indiferente desde que la leí. Era sólo una línea: «Sigue practicando, aunque parezca que no hay esperanza».

Te ofrezco el mismo sentimiento. Incluso después de escuchar y seguir con éxito la voz de tu corazón, puedes atravesar momentos de incertidumbre. Incluso después de seguir tu curiosidad, puedes seguir sintiéndote perdido y sin propósito. Incluso cuando das lo que quieres recibir y tomas decisiones basadas en tus valores, puedes sentir que no estás donde deberías estar. Todo eso forma parte del proceso. Aunque la idea de actuar una y otra vez y cometer errores frecuentes puede parecer tediosa, es la forma más rápida de encarnar los siete principios del minimalismo espiritual, así que no te esfuerces por alcanzar la perfección. En lugar de eso, busca la constancia y, pase lo que pase, sigue trabajando por ti, aunque pueda parecer inútil.

Agradecimientos

Para ser sincero, si no fuera por mi amigo Will (que en paz descanse), *Viaja ligero* no existiría. Fue Will quien se hizo nómada el año anterior e inspiró mi aventura nómada que comenzó en 2018. Como te habrás dado cuenta, Will también desempeñó un papel fundamental en las siguientes historias:

> Encuentros fortuitos (principio 3)
> Las partes buenas (principio 3)
> Ligar (principio 4)
> El yogui más rígido (principio 6)

Mi amiga Koya fue quien acuñó el título *Viaja ligero,* después de que le mencionara que quería que mi próximo libro tratara sobre mis experiencias con el nomadismo y el minimalismo. En cuanto oyó la idea, soltó: «Llámalo *Viaja ligero*», y la voz de mi corazón me confirmó que ése era el título.

Entonces le conté a mi editora, Diana (de mi libro anterior, *Knowing Where to Look),* la idea de *Viaja ligero.* Resulta que ella se había inspirado en el nomadismo después de editar mi último libro, así que, naturalmente, se sumó a la misión. Sigo estando muy agradecido a Diana por ayudarme a hacer realidad mis extravagantes ideas para libros.

Mi maravillosa agente, Coleen, me ayudó a conseguir el contrato de publicación de *Viaja ligero* y empezó a guiarme a través de la sucesión de plazos. Sin su amable guía y su confianza en mi capacidad para llevar mis palabras al papel, la idea de *Viaja ligero* seguiría siendo sólo eso: una idea.

Mientras tanto, debido a la pandemia, en enero de 2021 me trasladé a un Airbnb en Ciudad de México, donde se escribió la mayor parte de *Viaja ligero*. Entre caminar mis diez mil pasos diarios, hacer ejercicio con mis bandas de resistencia e ir de cafetería en cafetería, me reunía tan a menudo como podía con Simona von Woikowsky a través de Zoom.

Simona es la responsable de todas las hermosas ilustraciones que ves en el libro, incluida la de la portada. Conectamos por casualidad después de anunciar en las redes sociales que buscaba un ilustrador que estuviera tan obsesionado como yo con el color azul.

Siguiendo la voz de su corazón, Simona se puso en contacto conmigo y me ofreció sus servicios con timidez. En cuanto vi su trabajo, la voz de mi corazón me dijo que era la ilustradora perfecta para el proyecto. No podría estar más contento con el trabajo artístico de *Viaja ligero:* verdaderas obras maestras.

También quiero dar las gracias a Tami, Rachael y al resto del equipo de Sounds True por darme carta blanca para crear el libro de mis sueños, desde el concepto hasta el título, la portada y el lanzamiento. Seguís siendo el mejor equipo editorial con el que he trabajado, y me inspira una y otra vez ver cómo ponéis tanto corazón y espíritu en los libros que producís.

También quiero reconocer a mi Yoda personal, Maharishi Vyasananda Sarawasti, que me enseñó meditación védica en 2003, una experiencia que transformó mi relación con la práctica de la meditación, ayudándome a convertirme en un entusiasta practicante de meditación diaria, e inspirándome para formarme como profesor de meditación en 2007 para poder compartir la meditación con el mundo.

Envío un agradecimiento especial a Bryndan, Chris, Ava y los compañeros de King's Council por vuestro apoyo inagotable mientras escribía este libro. Por último, me gustaría dar las gracias a mi familia inmediata y lejana por todo su amor y apoyo. Me siento bendecido por proceder de una tribu humana tan fuerte, y me siento honrado de representar el nombre de la familia Watkins en todo lo que hago.

Acerca del autor

Light Watkins es profesor de meditación y espiritualidad desde hace
más de veinte años. Es autor de *The Inner Gym, Bliss More* y *Knowing
Where to Look*. Light presenta un pódcast semanal sobre el propósito
llamado *The Light Show* y mantiene una comunidad en línea cen-
trada en el «trabajo interior» llamada The Happiness Insiders. Light
viaja por todo el mundo dando charlas y dirigiendo talleres sobre
liderazgo inspirado, felicidad y meditación. Ha aparecido en *Time,
Vogue, Forbes, People* y el *New York Times*. Para más información,
visita www.lightwatkins.com

Índice